WAC BUNKO

「日本の歴史」2 中世篇

日本人のなかの武士と天皇

渡部昇一

WAC

渡部昇一『日本の歴史』第2巻 中世篇

日本人のなかの武士と天皇

●目次

第1章　武家の台頭――平家の栄華

第2章　平家滅亡と血塗られた源氏の抗争

第3章　北条一族の盛衰

第4章 建武の中興——楠木正成《くすのきまさしげ》と日本人

第5章 混迷する南北朝

第6章　足利義満の野望

装幀／神長文夫＋柏田幸子

第1章

武家の台頭

――平家の栄華

「魚は頭から腐る」

それまでの日本は、天皇自《みずか》ら政治を執《と》る天皇親政という形をとっていた。それが、保《ほう》元《げん》元年（一一五六）に起こった「保元の乱」をきっかけに武家政治に移る。それは必ずしも武家主導で行われたものではなく、むしろ皇室内の争いが災いして武家の台頭を招いたという言い方が正しいと思われる。

小プリニウス（帝政ローマの文人・政治家。ガイウス・プリニウス・カエキリウス・セクンドゥス）は、「魚は頭から腐る」と言った。

「ウイーンのような地方都市の悪徳はその町どまりであるが、われわれの主都ローマの悪徳は広く普及する。肉体においてであろうと、国家においてであろうと、頭から広がる病気が最も重症なのである」（小プリニウス『書簡』第四巻・二十二・七）

「頭」が腐《ふ》敗《はい》してくると「下」までおかしくなるというのである。日本の場合、この「頭」の争いが源氏・平家の争いに転化し、源氏政権による武家政治を生んだ。それを皮切りに、最終的には明治維新まで武家政治は続くことになる。「建《けん》武《む》の中《ちゅう》興《こう》」で武家政治は一時中断するが、その天皇親政が崩壊し、再び武家政治に戻ったのも、その原因はやはり「頭」が腐っていたからである。

武家の台頭を許した保元の乱と、それに続く「平治《へいじ》の乱」（平治元年＝一一五九）が、第五十二代・嵯峨《さが》天皇（在位八〇九～八二三）の御代《みよ》から三百年以上も死刑が行われなかった平和な京都でなぜ起こったか。これは白河《しらかわ》天皇の閨房《けいぼう》が乱れたからである。

「息子」が「叔父」という異様な関係

第七十二代・白河天皇は、最愛の中宮《ちゅうぐう》であった藤原賢子《ふじわらのけんし》を亡くされて大いに悲しみ、そのあとは気に入った女御《にょうご》がいなかったらしく、低い身分の女性を愛されるようになった。それが祇園女御《ぎおんのにょうご》（名前は伝わっていない）で、彼女は大納言《だいなごん》藤原公実《きんざね》の娘を手もとにおいて養い育てていた。白河天皇もこの少女・藤原璋子《たまこ》（のちの待賢門院《たいけんもんいん》）を可愛がり、やがてお手がついた。

それだけなら、当時としてはよくある話かもしれない。ところが白河院は、この璋子を孫の第七十四代・鳥羽《とば》天皇の中宮にした。祖父が自分の側女《そばめ》を孫に与えたわけだ。しかも、その後もずっと白河院と璋子の関係はやまなかった。それで生まれたのが第七十五代・崇徳《すとく》天皇である。

鳥羽天皇にすれば、崇徳天皇は自分の后《きさき》の子だから、形のうえでは自分の子ということになる。ところが、実の父親は祖父・白河院であることを知っているから、崇徳天皇を「わが子にして祖父の息子（自分の叔父《おじ》）」という意味で「叔父児《おじご》」と呼び、忌《い》み嫌っていた。たしかに、これは異様な関係である。

白河天皇は法皇《ほうおう》となって政治の実権を握ること四十余年、第七十三代・堀河《ほりかわ》天皇、第七十四代・鳥羽天皇、第七十五代・崇徳天皇の三代の即位を決定した。

その次の第七十六代天皇には、鳥羽天皇の名目上の長男は崇徳天皇であるから、本来なら崇徳天皇の子（つまり、鳥羽天皇にとっては名目上の孫）・重仁《しげひと》親王がなるべきところだが、白河法皇が亡くなって実権を握った鳥羽上皇は、藤原得子《なりこ》（美福門院《びふくもんいん》）との間に生まれた躰仁《なりひと》親王（第七十六代・近衛《このえ》天皇）、つまり崇徳天皇の〝弟〟を即位させた。

そこまではいいとしても、その近衛天皇が十七歳で亡くなると、鳥羽上皇は次の七十七代に、自分と璋子との間に生まれた、崇徳天皇にとっては同母弟である雅仁《まさひと》親王（後《ご》白河《しらかわ》天皇）を即位させる。

若くして退位させられていた崇徳上皇は、近衛天皇のあとは自分が復位するか、あるいは自分の子である重仁《しげひと》親王を皇位につけたいと考えていた。ところが、鳥羽上皇は近衛天皇を即位させるとき、崇徳天皇を上皇としての実権を握れないように「皇太弟《こうたいてい》」（皇位を継ぐべき天皇の弟）と規定した詔《みことのり》を出していた。崇徳上皇は父院としての立場を失い、院政を封印されてしまったのである。

さらに崇徳上皇と同じく璋子から生まれた後白河天皇が即位したのは、その長男・守《もり》仁《ひと》親王を皇位につけるためであった。守仁親王は早く母を亡くしたため、義理の祖母にあたる美福門院に養育されていた。美福門院は守仁親王を大変に可愛がり、皇位につけたがったが、そのためにはこの子の父を天皇にする必要がある。それ

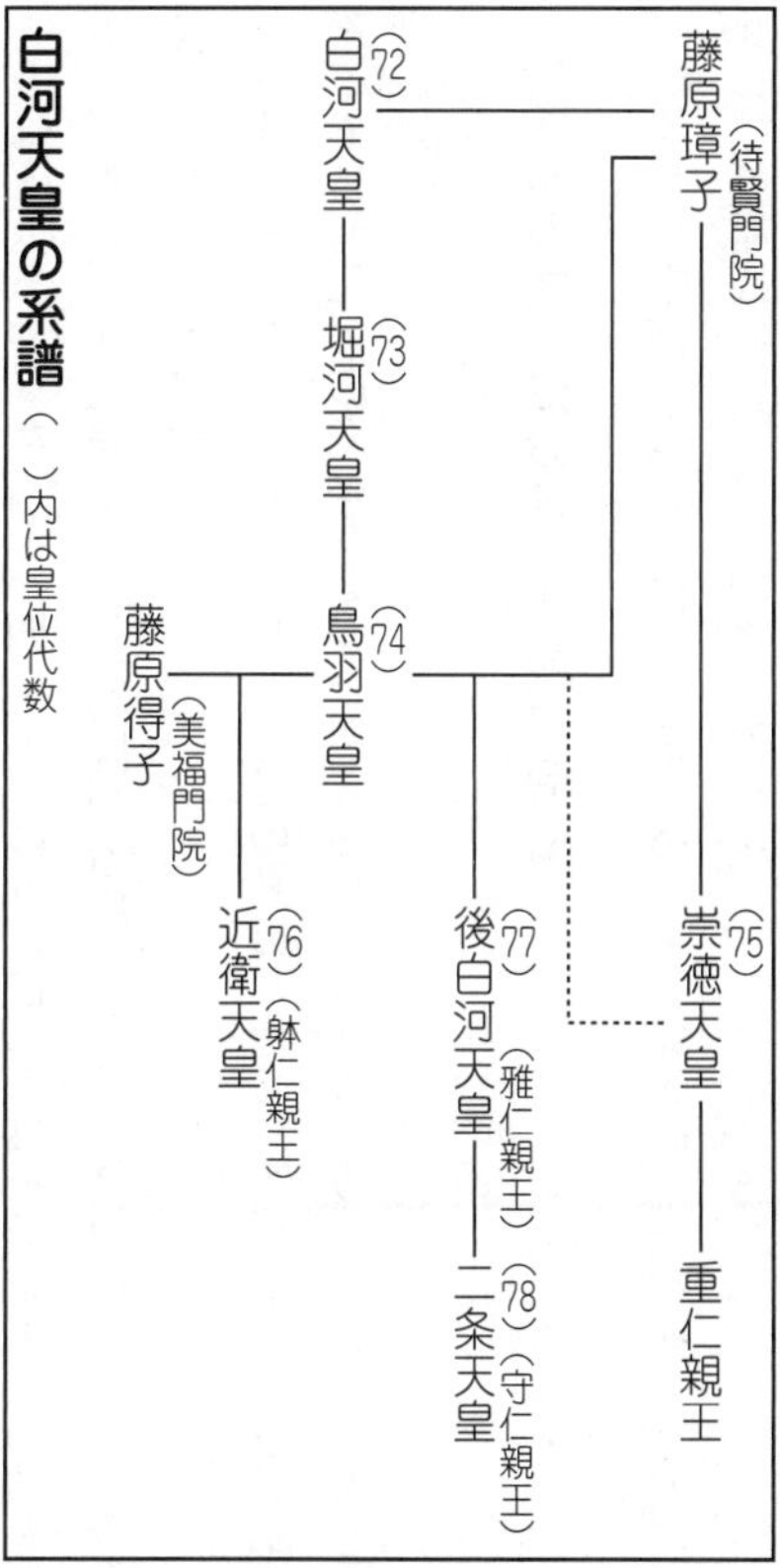

白河天皇の系譜　（ ）内は皇位代数

でさほど人気のなかった第四皇子である後白河天皇を近衛天皇のあとに即位させたのである。そして守仁親王は美福門院の希望どおり、後白河天皇のあとを継いで第七十八代・二条《にじょう》天皇となる。

崇徳上皇は形のうえでは鳥羽法皇の長男だから、この推移に強い不満と恨みを抱いた。そこで鳥羽院が亡くなると、一週間足らずのうちに後白河天皇に対して兵を挙げることになる。

「保元の乱」における武家の活躍

かくして崇徳上皇と後白河天皇との間で「保元の乱」が起こるのだが、崇徳上皇の挙兵には藤原氏の権力争いが絡《から》んでいた。

関白太政大臣《かんぱくだじょうだいじん》・藤原忠実《ただざね》には長男・忠通《ただみち》と二男・頼長《よりなが》がいた。忠通が温厚篤実《おんこうとくじつ》な性格なのに対し、弟の頼長は宮廷で「悪左府《あくさふ》（左大臣）」と呼ばれるほど驕慢《きょうまん》な人物であったが、父の忠実はなぜか弟を偏愛《へんあい》し、政治の実権をこの頼長に握らせようとした。ところが鳥羽法皇は頼長を嫌い、後白河天皇の即位にあたっては忠通にのみ相談し、忠実・頼長父子を実質上、宮廷から遠ざけてしまった。そこで不満を抱く者同士、崇徳上皇と藤原頼長が手を結んだのである。

このとき、崇徳上皇も後白河天皇も武家の力を借りるべく、それぞれ自分たちの側につく者を召集した。

後白河天皇側には、源氏では源義朝《みなもとのよしとも》、平氏では平清盛《たいらのきよもり》が味方した。いずれも「氏《うじ》の長者《ちょうじゃ》」（氏族の首長）である。これに対して崇徳上皇・藤原頼長側には、義朝の父・源為義《ためよし》と義朝の弟である源為朝《ためとも》、それに清盛の叔父・平忠正《ただまさ》らがついた。

弓の名人として知られる鎮西八郎為朝《ちんぜいはちろうためとも》は、江戸時代の読本《よみほん》『椿説弓張月《ちんせつゆみはりづき》』（滝沢馬琴《たきざわばきん》作、葛飾北斎《かつしかほくさい》画）でも有名な英雄である。少年の頃に流された九州で暴れ回り、地元の豪族たちと数知れぬ戦闘を行って九州を平らげてしまったほどの猛将だから、直ちに後白河帝側に夜襲をかけようと言い出した。

「私の敵は兄の義朝だけです。これは一矢《ひとや》で仕留めます。清盛など私の鎧《よろい》に触れただけで吹っ飛びます」と進言すると、藤原頼長が「夜襲など私闘でやることだ。援軍を待って堂々と戦おう」などと言ってこれを退けた。為朝は「兄・義朝のほうが夜襲して来るだろう」と頼長の戦略を嘲笑《あざわら》った。

為朝の予言どおり、後白河帝側では義朝が夜襲を提案し、忠通は「戦《いくさ》のことは武士に従おう」とこれを受け容れた。逆に夜襲をかけられた崇徳院側は、為朝の奮闘空しく敗走した。これは後年、足利尊氏《あしかがたかうじ》に対する楠木正成《くすのきまさしげ》の作戦に公家《くげ》が反対して敗れた（168ページ参照）のと同じで、素人《しろうと》が軍事に口を出すとおかしなことになるというい い例である。文民統制における過ちと言っていいだろう。

怨霊《おんりょう》となった崇徳《すとく》天皇

捕えられて讃岐《さぬき》に流された崇徳上皇は嘆き悲しんで、反省と戦死者の供養《くよう》と都を懐かしむ思いを込めて、自分の血で経典《きょうてん》を写し、京に送った。ところが、それは受け取ってもらえずに送り返されてきた。激怒した崇徳上皇は、再び自らの血で写本に「この経を魔道に回向《えこう》す」「われ日本国の大魔縁《だいまえん》となり皇を取って民とし、民を皇となさん」と書き入れた。「皇室を潰してやる」というのである。

崇徳上皇は髪と爪を伸ばし放題にし、生きながら天狗《てんぐ》（悪魔と言っても同じである）となった。讃岐に流されてから八年後に亡くなったが、上皇はそのまま怨霊《おんりょう》と化し、皇室に祟《たた》るようになったと言われる。そこで西行《さいぎょう》法師（注1）が讃岐まで上皇の霊を慰《なぐさ》めに行き、「よしや君《きみ》　昔の玉の床《ゆか》とても　かからんのちは何にかはせん」（かつて玉座《ぎょくざ》におられたとしても、亡くなられたいまとなってはそれが何になりましょう。ただ成仏を祈るのみです）と詠《よ》んだという話は、江戸時代に書かれた上田秋成《うえだあきなり》の『雨月物語《うげつものがたり》』（安永《あんえい》五年＝一七七六）の「白峯《しらみね》」篇にも描かれている。

崇徳上皇の呪いが現れたかのように、都では後白河上皇、二条天皇を中心にいくつかのグループに分かれ、再び争いが起こる。「平治の乱」である。

この争いが源氏の義朝と平家の清盛の戦いに収斂《しゅうれん》し、義朝は討たれ、僅か十三歳で戦いに参加した義朝の息子・頼朝《よりとも》は伊豆に流されて源氏は衰退する。

一方、勝利した平清盛は栄進を続け、ついには太政大臣にまでなった。そして清盛は自分の娘・徳子《とくこ》（のちの建礼門院《けんれいもんいん》）を高倉《たかくら》天皇の后にし、この二人の間に安徳《あんとく》天皇が生まれる。だが、やがて平家は滅び、それとともに安徳天皇は僅か八歳で祖母・平時子《ときこ》（二位尼《にいのあま》）に抱かれて壇《だん》ノ浦《うら》で入水《じゅすい》する。これも崇徳上皇の呪いであると恐れられたのである。

皇室では近世まで崇徳天皇を恐れることひととおりではなく、明治天皇が東京にお移りになるときには、京都で改めて崇徳天皇を祀《まつ》ったという話まである。

かつては身分が高いほど、有能であればあるほど、その人物の呪いは強いと言われていた。この場合、至高の存在である天皇が島流しにされ、生きながら天狗（悪魔）になって「皇室を潰す」と誓いを立てて亡くなったのだから、これ以上の呪いはないということになる。当時の人々、とくに皇室にとっては、正統の天皇である安徳天皇までその呪いのために幼くして亡くなったというのは、大変に恐ろしいことだった。

時代を遡《さかのぼ》って、もう少しスケールの小さい話で言えば、平安時代に右大臣・菅原道《すがわらのみち》真《ざね》が左大臣・藤原時平《ときひら》の讒言《ざんげん》にあって九州大宰権帥《だざいのごんのそち》（大宰府《だざいふ》の副司令官）に流され、恨みを残して亡くなったあと、宮中に落雷があったり、藤原時平が亡くなったりしたので、道真が朝廷に祟りをなしたとされ、その怒りを鎮《しず》めるために、死後にもかかわらず正一《しょういち》位《い》太政大臣の位を贈り、天満天神《てんまんてんじん》として祀っている。崇徳上皇の呪いに対する恐れは、それ以上の極端なものであったと察せられる。

（注1）**西行**（一一一八〜一一九〇）平安後期の歌人・僧。もと北面《ほくめん》の武士（院の御所《ごしょ》の警備にあたった武士）だったが出家し、諸国を旅して歌を詠んだ。『新古今集《しんこきんしゅう》』に九十四首が収められているほか、私家集『山家集《さんかしゅう》』がある。後世の歌人に大きな影響を与えたが、「俳聖」松尾芭蕉《まつおばしょう》も憧れた「漂泊の歌人」というイメージは、西行にことよせた作者不詳の説話集

『撰集抄《せんじゅうしょう》』に基づくところが少なくないとされる。

異例の出世を遂げた平清盛

保元の乱も平治の乱も、皇室が武家を使って起こした戦争である。初めのうち、武家は侍《さむらい》、つまり「侍《さぶら》ふ者」であって、公家の家来にすぎなかった。系図を辿れば桓武《かんむ》天皇（在位七八一〜八〇六）や清和《せいわ》天皇（在位八五八〜八七六）に至るのだが、それから各地方に下って久しく、宮廷からはガードマン程度にしか見られていなかった。

源氏は蝦夷《えぞ》征伐で関東に、平家は瀬戸内海の海賊退治などで関西にそれぞれ勢力を得ていたが、にもかかわらず、依然として公家からは見下される存在であった。ところが、戦争ということになればものを言うのは武力である。保元の乱によって源氏の正統である義朝と平家の正統である清盛が力を得て、平治の乱以後、清盛は武士として初めて太政大臣になり、天皇の外祖父《がいそふ》にまでなった。まるで藤原氏の如くである。

つけ加えれば、清盛がそれほど出世したのは単に武力のせいだけではない。清盛はある意味で別格だったのである。

清盛は当時、祇園女御という白河天皇の寵姫《ちょうき》の落とし子であるという説が有力だった。

最近の研究では、祇園女御が預かっていた妹の子供だったのが間違われたのだという説もあるが、当時としては天皇の落とし子という話になっていたのである。天皇のご落胤《らくいん》だということで、貴族社会も清盛の異常とも言える昇進を止められなかったのだという。

これは「戦国篇」で触れたが、豊臣秀吉《とよとみひでよし》も天皇のご落胤であると自ら語っていたし、周囲の者にもそう記録させている。これは清盛の例を真似《まね》たのだと思われる。そういう虚構《フィクション》がなければ、武家が関白太政大臣にはなれなかったのだろう。

清盛は武家として政治の実権を握りながら天皇家と縁戚関係を結び、平氏は公家化して、清盛の継室《けいしつ》である時子の弟・平時忠《ときただ》が「平家に非《あら》ざれば人に非ず」と言ったと伝えられるほどの栄華を謳歌《おうか》した。

一方、源氏のほうは、のちに平家を倒した頼朝が清盛とは異質の政権を建て、武家政治を確立することになる。この武家政権が明治維新まで続いたわけだから、まず武士とはどういうものであったかを考えておく必要があるだろう。

河内源氏の基礎を築いた「前九年の役」

武士というのは元来、源氏も平家も皇室から出ているのであるが、そこから分かれて、皇族からかなり遠くなっている家系である。当時は天皇に近いほど地位が高いから、武家はそういう高貴な人たちに仕《つか》える身分ということになる。

遡って見てみると（25ページの図を参照）、源氏では清和天皇から三代目に多田満仲《ただのみつなか》（源満仲。九一二〜九九七）という人物が出て、その子に源頼光《よりみつ》、頼親《よりちか》、頼信《よりのぶ》という三人の息子がいた。頼光は「大江山《おおえやま》の鬼（酒呑童子《しゅてんどうじ》）退治」で有名で、その子孫が後述する源《げん》三位《ざんみ》頼政《よりまさ》である。長男・頼光の家系を摂津《せっつ》源氏と呼び、二男の頼親は大和《やまと》源氏、三人兄弟の末弟である頼信は河内《かわち》源氏と称したが、この河内源氏の二代目・源頼義《よりよし》は宮廷から蝦夷征伐を命じられ、手柄を立てる。このとき頼義に従って戦ったのが、頼義の長男・八幡《はちまん》太郎《たろう》義家《よしいえ》である。

頼義にも子供が三人いて、長男の義家は石清水《いわしみず》八幡宮《はちまんぐう》で元服式を挙げたので八幡太郎と呼ばれる。二男の義綱《よしつな》は元服式を賀茂《かも》神社で行ったので賀茂二郎、三男の義光《よしみつ》は園城《おんじょう》寺《じ》新羅《しんら》明神《みょうじん》の社前で元服したので新羅三郎と呼ばれる。

この頼義・義家父子が、奥州《おうしゅう》における「前九年《ぜんくねん》の役《えき》」（注1）で大変苦戦を強いられながらも陸奥国《むつのくに》の豪族・安倍《あべ》氏を攻め滅ぼして河内源氏の名を高め、源氏の基盤を固めたと言われる。

義家は大変な弓の名人であったという。当時は武道全般を「弓矢の道」と呼んでいたくらいだから、狙ったものを片端から射落とす八幡太郎は神様のように言われていた。和歌もよくしたようで、奥州からの凱旋《がいせん》中、勿来《なこそ》の関を通りかかったときに詠んだ、

吹く風を　なこその関と思へども　道もせに散る　山桜かな

という歌が、勅撰《ちょくせん》和歌集『千載和歌集《せんざいわかしゅう》』(一一八八?・成立)に収められている。また、衣川《ころもがわ》の戦いで敗走する敵の大将・安倍貞任《あべのさだとう》を追って矢をつがえながら「衣のたては綻《ほころ》びにけり」と詠むと、貞任が「年を経《へ》し絲《いと》の乱れの苦しさに」と上の句を返したので、感じ入って矢を放つのをやめた、という話もある。

(注1) **前九年の役**　永承《えいしょう》六年(一〇五一)から康平《こうへい》五年(一〇六二)の十二年にわたり、朝廷に敵対する陸奥の豪族、安倍頼時《よりとき》・貞任父子と、朝廷から派遣された源頼義・義家父子が争った戦役。「奥州十二年合戦」と呼ぶ史料もあり、年数からするとそちらのほうが合理的だが、「前九年の役」の名称がどこから生まれたのかは諸説あってはっきりしない。

関東の豪族を感激させた源頼義・義家父子

前九年の役からおよそ二十年後の永保《えいほう》三年（一〇八三）に、「後三年《ごさんねん》の役」（注1）と呼ばれる戦いが起こる。安倍氏の滅亡後、前九年の役で頼義・義家を助けて戦った清原《きよはら》氏が奥州で勢力を伸ばしていたが、この清原氏に内紛《ないふん》があり、そこに義家が介入して戦った。

これも苦しい戦いであった。弟の新羅三郎義光が援軍を出

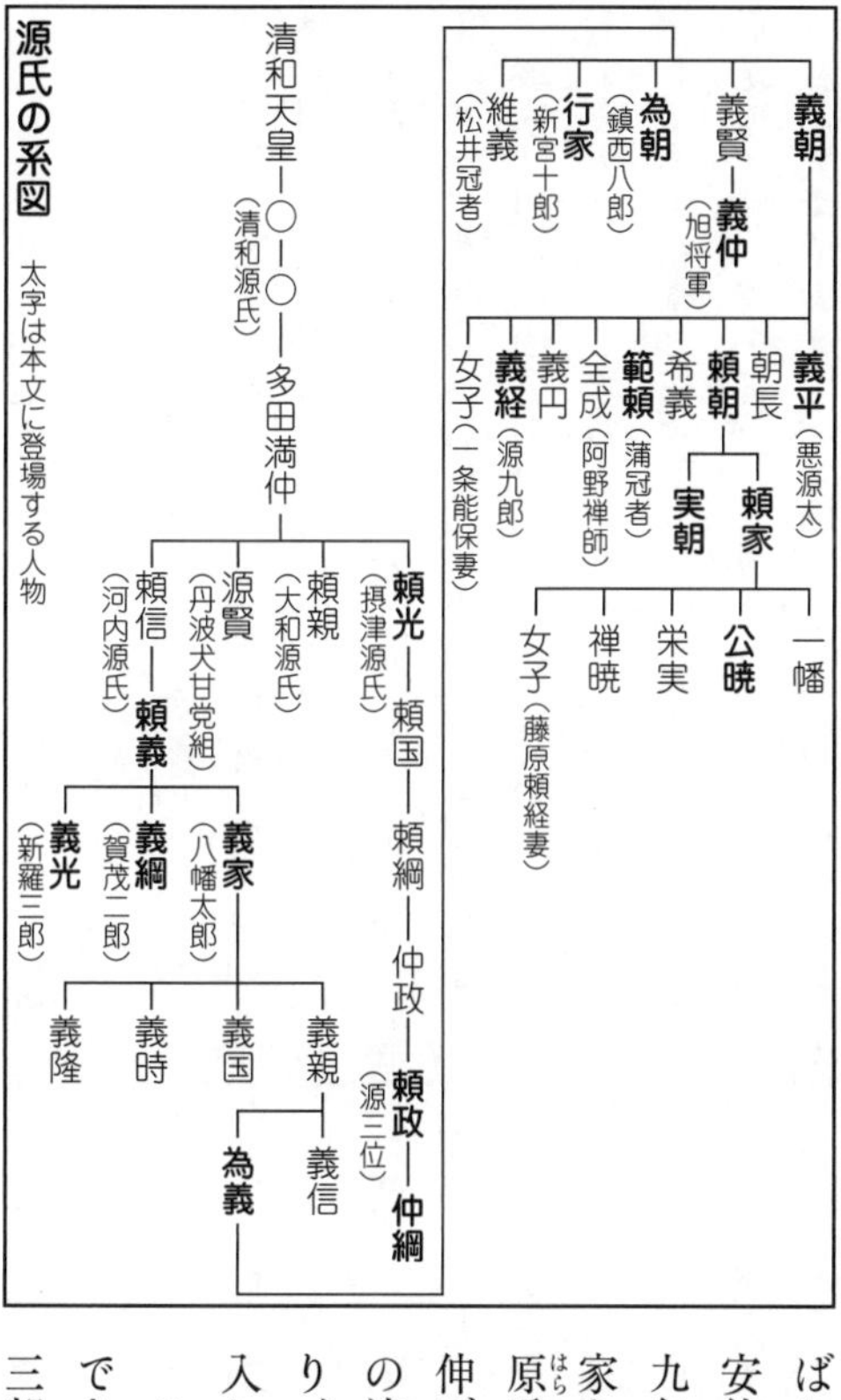

そうとしたが、朝廷の許可が下りなかったので、官を辞して陸奥に駆けつけたという美談もある。

私の故郷、山形県鶴岡市にも、義家の苦戦について面白い言い伝えが残っていた。祖母から聞いた話であるが、八幡太郎義家が納豆の元祖だというのである。祖母は現在の磐梯朝日《ばんだいあさひ》国立公園に含まれるほどの山間部で育ち、若い頃、目を悪くして盲目に近くなってからは本も読まなかった。したがって、祖母の話には活字から入った知識が一切なく、すべて先祖代々の伝承であったから、どの話も実に面白かった。

義家は祖母の田舎あたりでも戦っていたらしい。そのとき米が底をついたので豆でも煮て食べようとしたら、また敵が攻めてきた。そこで空腹のまま三日くらい戦い、敵を倒して本陣に帰ってきたら、豆が傷《いた》んで糸を引いていた。それでもほかに何もないので仕方なく食べてみると、なかなかうまかった。これが納豆の起源だというのである。

私が大学で教えていた頃、学生たちと一緒に食事をする機会がよくあったが、たしかに平家の本拠地や、平家が落ちのびたあたりの地域から来た学生たちは納豆が苦手だった。いまは健康食ブームとかで納豆も人気があるが、三、四十年前までは関西の人はたいてい納豆が食べられなかったものである。私の初代の秘書も神戸の生まれだから、納豆は絶対だめだった。だから、のちに源氏が平家を武力で圧倒したのは植物性蛋白《たんぱく》を豊富に摂《と》っていたからだというジョークもある。

それはともかく、もともと下総国《しもうさのくに》を根拠にしていた平将門《まさかど》（注2）のように、関東には平家もいたのである。ところが、頼義・義家が二代続いて関東の豪族を率いて奥州で戦ったため、平家の系統でも源氏の恩を受ける者が多かった。

前九年の役のときには、その功によって頼義は正四位下《しょうしいげ》、伊予守《いよのかみ》に任ぜられた。頼義が鎌倉に鶴岡《つるがおか》八幡宮を建てたのもこのときである。しかし、他の功労者には恩賞がなかった。そこで頼義は朝廷に上疏《じょうそ》した。曰《いわ》く、「虎狼《ころう》の俗《ぞく》に向かい、甲冑《かっちゅう》を纒《まと》いて、以《もっ》て千里の道に赴《おもむ》き、矢石《しせき》に交《まじ》わりて、以て万死《ばんし》の命を忘れ」て戦った者たちに恩賞をいただきたい、と。それでも朝廷が動かないので、頼義は自らの財産を分け与えたのである。豪族たちは感激した。

後三年の役の場合は、これは清原氏の内輪争いと義家の私戦であるということでやはり恩賞はなく、それどころか朝廷は戦費を出そうともしなかった。そこで、八幡太郎義家が自腹で恩賞を与えたのである。

このため、頼義・義家の二代で関東地方の豪族、とくに地名を苗字《みょうじ》にしているような有力豪族を、源氏はほとんど味方につけることになった。北条《ほうじょう》も元来は平家だったが、やがて源頼朝の後《うし》ろ盾《だて》となり、源氏とともに戦うことになった。こういう流れを知らないと、その後、頼朝がなぜ力を得たかがわからなくなる。

関東に勢力を得た八幡太郎義家も、宮中での地位はそれほど高くなかった。それでも後白河法皇が当時の歌（今様《いまよう》）を集めて編んだ歌謡集『梁塵秘抄《りょうじんひしょう》』（一一八〇年頃に成立）のなかにも「八幡太郎は恐ろしや」という歌があるくらい、義家は非常に恐れられていた。「八幡太郎だ」というだけで泥棒も恐れて逃げ、「天皇が重い病にかかったとき、八幡太郎が弓の弦を鳴らしただけで病魔が退散し、容態が回復した」といわれるくらい神格化されていた。

にもかかわらず、弟・賀茂二郎義綱の勝手な振る舞いもあり、そのために体面を失うというようなこともあって、宮廷における源氏の力は少しずつ衰えていき、いつの間にか平家が勢力を伸ばしていったのである。

（注1）**後三年の役**　永保三年（一〇八三）から寛治《かんじ》元年（一〇八七）にかけ、前九年の役で滅びた安倍氏に代わって奥州に力を伸ばした清原氏の内紛に、源義家が介入して行われた

戦い。最終的に義家・清原清衡《きよひら》連合軍が清原家衡《いえひら》・武衡《たけひら》軍を滅ぼした。このあと、清衡は父方の姓である藤原に復し、藤原清衡として奥州藤原氏の祖となった。

（注2）**平将門**（?〜九四〇）　桓武平氏の祖・平高望《たかもち》（高望王。桓武天皇の曾孫《ひまご》）の孫。下総を本拠とし、平氏内部の抗争によって常陸《ひたち》・上野《こうずけ》・下野《しもつけ》の国府を奪い、京都の朝廷に対抗して「新皇《しんのう》」と称したが、それから僅か二カ月足らずで平貞盛《さだもり》・藤原秀郷《ひでさと》に討たれた（平将門の乱）。

源三位《げんざんみ》頼政の鵺《ぬえ》退治

こうした歴史的背景の下に保元の乱が起こったのであるが、源氏も平家も、それぞれ総本家の棟梁《とうりょう》である義朝と清盛がともに味方したため、後白河天皇側の勝利に終わった。ところが、そのあとが問題であった。

戦のあと、清盛は敵に回った叔父・忠正を処刑した。それに対して、義朝のほうは実父である為義を斬首《ざんしゅ》せざるを得なかった。さすがに義朝は躊躇《ちゅうちょ》し、父の助命を願ったが、清盛は自分も叔父を斬ったのだから、と処刑を迫ったという。結局、義朝は父・為義と弟・頼賢《よりかた》を自ら斬ることになった。父親を斬ったことによって、必然的に源氏のプレステージは低下することになる。それが清盛の狙いだったという見方もできる。

その後の平治の乱で義朝が討たれ、平家隆盛の時代となると、源氏はどんどん影が薄くなり、宮廷に残ったのは摂津源氏（頼光）の系統である源三位頼政くらいであった。

頼政が生き残ったのは、平治の乱では当然、義朝の味方をするはずだったが、最終的には清盛の側についたからである。そのため、ほとんどの源氏が追放されたあとも、名のある源氏の人物としてはただ一人、宮廷に残った。この源三位頼政は、後世にさまざまな形で語り伝えられた人物でもある。

政治的にはこれといった業績もなく、最後には平家に対して挙兵しながらあえなく敗れてしまったこの源三位頼政という人物を、昔の日本人がなぜ多くの文章に残したのかといえば、弓と和歌にすぐれていたからである。

頼政の先祖・源頼光は大江山の酒呑童子を退治したことで知られるが、頼政の場合は鵺《ぬえ》退治である。

近衛天皇のとき、鵺が宮廷に現れた。頭が猿、胴が狸《たぬき》、手足が虎、尾が蛇という怪物である。天皇が脅《おび》えるので、頼政が闇夜に鳴き声で狙いをつけ、この鵺を弓で射て仕留めた。そして左大臣・藤原頼長が鵺退治の褒美を渡すとき、ホトトギスが鳴いて上空を飛んでいったので、「ほととぎす　名をも雲居《くもい》にあぐるかな」と詠んだ。すかさず頼政が「弓張月《ゆみはりづき》の射るにまかせて」と返したので、弓だけでなく歌道にもすぐれていると称賛されたという話が残っている。

また、天皇は菖蒲御前《あやめごぜん》という美女を頼政に与えることにし、似たような美女を三人並べて「このなかの誰が菖蒲か当てたらあげよう」とおっしゃった。すると頼政は、

五月雨《さみだれ》に　沼の石垣水越えて　いずれか菖蒲　引きぞわづらふ

と歌で返した。天皇はいたく感心されて、菖蒲御前を与えたという。

鵺退治と弓という源頼光・八幡太郎義家以来の源氏の武将であると同時に和歌もうまいというので、広く巷間《こうかん》に名を馳《は》せたのだろう。

しかし、頼政の官位はなかなか上がらなかった。六十歳を過ぎても、ずっと正四位下のままだった。そこで、次のような歌を詠んだ。

のぼるべき　たよりなき身は木の下に　椎《しい》をひろひて世をわたるかな

平家の時代だからよるべなく、地位が上がることもない、だから椎（四位《しい》）の実を拾って食べているようなものだ、という意味である。当時の歌の持つ力というのは大したもので、七十を超えていた頼政は、この歌のおかげでようやく従三位《じゆさんみ》に昇進した。それで「源三位」と呼ばれるのである。江戸の川柳《せんりゆう》にも、このことを詠んだものがある。

もう一首　ねだると二位になるところ

源氏の決起を促した「以仁王《もちひとおう》の令旨《りようじ》」

その源頼政が、じつは源氏として初めて平家追討の兵を挙げるのである。和歌の道にもすぐれ、七十歳を超えるまで慎重に世間をわたっていた頼政が、なぜ平家と戦う気を起こしたか。そのきっかけが、当時の武士の考え方と意地とでも呼ぶべきものをよく示していて興味深い。

頼政の長男・仲綱《なかつな》が持っていた名馬を、いまをときめく平清盛の三男・宗盛《むねもり》が欲しがった。仲綱は「馬は武士にとって大切なものだからやるわけにはいかない」と断ったが、それでも宗盛は権柄《けんぺい》ずくで奪おうとする。頼政は、「馬一頭のことでそんなに我を張るものではない」と仲綱を諭《さと》して譲らせた。すると宗盛は馬に「仲綱」という名前をつけ、仲綱に屈辱を味わわせた。これが頼政を怒らせたというのである。

当時の武士の意地というのはそれほどのものだった。そしてこの武士の意地が、またも起こった皇位継承問題とかかわってくる。

第七十七代・後白河天皇には三人の男子がいた。その第一子が七十八代・二条天皇である。次の第七十九代・六条《ろくじょう》天皇は二条天皇の子だから、これは問題ない。さらに後白河上皇は、僅か二歳で即位した孫の六条天皇を五歳で退位させ、当然ながら天皇には子供がいなかったので二条天皇の弟、つまり同じ後白河院の皇子である高倉天皇を第八十代の皇位につけた。

つまり、後白河天皇の息子三人のうち二人が天皇に即位したわけである（二条・高倉）。しかしもう一人の皇子、高倉天皇の兄である以仁王《もちひとおう》だけは親王にならなかった。したがって、天皇にもなれなかった。

二条天皇の母親は後白河天皇の中宮である源懿子《よしこ》、高倉天皇の母親は清盛の正室・時子の妹、平滋子《しげこ》だった。だから、高倉天皇は清盛のおかげで即位できたわけである。以仁王だけが親王になれなかったのは、母親が権大納言《ごんだいなごん》(定員外の大納言)藤原季成《すえなり》の娘・成子《しげこ》だったからで、高倉天皇を皇位につけたかった清盛が圧力をかけ、以仁王には親王《しんのう》宣下《せんげ》も受けさせなかったのである。以仁王が不満だったことは言うまでもない。そこで源三位頼政は、この以仁王を担《かつ》いで平家追討の兵を挙げる。

結局、平家打倒は時期尚早だったこともあり、以仁王も頼政も宇治《うじ》で討たれ、挙兵は失敗に終わる。しかしこのとき、全国の源氏に以仁王の「平家追討の令旨《りょうじ》」が発せられたことがのちのち、諸国に雌伏《しふく》する源氏の蜂起《ほうき》を促《うなが》し、平家滅亡の端緒《たんしょ》となった。だから、源氏が立ち上がったもとをただせば、馬のことで息子が平家に侮辱された源三位頼政と、自分だけ親王になれなかった以仁王のルサンチマン(遺恨)の結合から始まったと言っていい。

この以仁王の令旨を眠っている全国の源氏に伝え、平家追討を呼びかけたのが、保元の乱で斬首された源為義の息子・行家《ゆきいえ》であった。義朝の弟で、頼朝から見れば叔父にあたる人物だ。為義には子供が四、五十人もいたが、行家は十男であるため十郎行家と称していた。この以仁王の令旨を源頼朝も、行家の甥《おい》にあたる木曾義仲《きそよしなか》も受け取った。

そこで、いよいよ頼朝の話をしなければならない。

第2章 平家滅亡と血塗られた源氏の抗争

源氏の正統とされた三男

第1章で述べたように、平治元年《へいじ》(一一五九)の「平治の乱」で源義朝《みなもとのよしとも》は平清盛に敗れた。この戦いには義朝の長男・義平《よしひら》(十九歳)、二男・朝長《ともなが》(十六歳)、三男・頼朝《よりとも》(十三歳)が参加し、敗れて落ちていくときも三人は父と行動をともにしている。

義朝にはたくさんの子供がいたが、その母親はまちまちである。義平の母親は相模国《さがみのくに》の武将・三浦義明《みうらよしあき》の女《むすめ》ということになっている。朝長の母親は知らない。六男・範頼《のりより》の母は池田宿の遊女だという。九男・義経《よしつね》の母・常盤御前《ときわごぜん》は宮廷の下女であった。ところが、頼朝の母親だけは熱田神宮《あつたじんぐう》の大宮司、藤原季範《すえのり》の娘である。ほかの兄弟の母親より飛び抜けて位が高い。

そのため、義朝は頼朝を源氏の正統と見なしていた。その証拠に、頼朝には「源太《げんた》の産着《うぶぎ》」を着せている。「源太」とは、源氏の武門の象徴ともいえる英雄、八幡太郎義家《はちまんたろうよしいえ》の幼名である。二歳の義家が天皇に拝謁《はいえつ》したとき、武家だからということで産着として鎧をつけていった。これが「源太の産着」と言われ、以来、源氏の正統の後継者がこの鎧を受け継ぐことになった。また、「前九年《ぜんくねん》の役《えき》」で同じく義家が敵の首を髭《ひげ》ごと斬り落としたと言われる名刀「髭切丸《ひげきりまる》」も頼朝に授けられている。

長男の義平は十五歳にして、父・義朝と対立していた叔父《おじ》の源義賢《よしかた》（木曾義仲《きそよしなか》の父）を討ち、「悪源太《あくげんた》」義平と呼ばれたほどの剛の者《ごうのもの》であったにもかかわらず、頼朝が幼い頃から源氏の正統とされたのは、やはり母親方の家系を重視したためであろう。

とはいえ頼朝も、平治の乱に加わったときには僅か十三歳でありながら、すでに並みの少年とは違っていた。軍議で彼は、「まず平家の本拠の六波羅《ろくはら》を攻めましょう」と提案している。その案は採用されなかったし、また採り上げられても成功したかどうかはわからないが、大変に気概のある若武者だったことがわかる。

義朝と義平・朝長兄弟の最期

戦いに敗れた義朝一行は、東国をめざして落ちていく。頼朝は一人遅れ、父たちとははぐれてしまった。一人きりで彷徨《さまよ》っているうち、落ち武者狩りに遭った。いい鎧《よろい》を着た坊やがやってきたというので、早速、飛びかかった男を、頼朝は八幡太郎義家の名刀「髭切丸」で斬り殺す。次に手綱《たづな》を捕まえて押さえようとした男の腕もバッサリ斬り落としてしまったので、賊どもは慌てて逃げた。少年の頃から、頼朝という人は鋭気に溢れていたのである。

落ちて行った義朝と息子たちの運命は悲惨であった。一行は義朝の妾《めかけ》のいる美濃《みの》の青《あお》墓《はか》の宿に辿り着くと、義朝は再挙を期して義平には越前《えちぜん》へ、朝長には甲州《こうしゅう》へ行って兵を挙げるように命じた。

ところが、朝長は脚に傷を受けていて、甲州がどちらの方角かもわからない。そこで青墓に戻って来て、「もう動けないからいっそ殺してください」と頼んだ。義朝も、妙なやつに捕まって殺されるよりは父親に斬られるほうがいいだろう、と涙ながらに自らの手で斬り殺した。幸田露伴《こうだろはん》（注1）が、「武士道は立派なものだが、こういう話を聞くと疑問もわく」と言っているほど悲惨な話である。

義朝は長田荘司忠致《おさだのしょうじただむね》を頼って行った。このときも行動をともにしていた最も信頼する家来であり、乳兄弟《ちきょうだい》（乳母《うば》の息子）でもあった鎌田政清《かまたまさきよ》の妻の里である。ところが、政清の舅《しゅうと》・長田忠致とその子・景致《かげむね》は平家からの恩賞に目が眩《くら》み、義朝を風呂で騙《だま》し討ちにした。政清もまた、一緒に殺されてしまう。

越前で兵を集めていた義平は父が殺されたことを聞き、単身、京都に入り込んで清盛暗殺の機会を窺《うかが》うことにした。ところが難波経房《なんばつねふさ》の軍に捕えられ、六条河原《ろくじょうがわら》で白昼、斬《ざん》首《しゅ》された。わざわざ昼ひなかに河原で処刑したのは、平家がいかに義平を憎んでいたかを示すものである。義平は首を討とうとする経房に向かって、「首を落とされても雷となっておまえを殺してやる」と言い放った。のちに経房は本当に落雷で死んでいる。

（注1）**幸田露伴**（一八六七〜一九四七）小説家・随筆家。江戸の下谷《したや》に生まれた。本名・成行《しげゆき》。蝸牛庵《かぎゅうあん》とも号した。男性的な文体と題材で、明治二十年代、女性描写を得意とした尾《お》崎紅葉《ざきこうよう》とともに「紅露《こうろ》時代」と並び称された。晩年は東洋哲学への深い造詣《ぞうけい》を示す考証、史伝、随筆を残す。代表作に小説「風流仏《ふうりゅうぶつ》」「五重塔」「連環記《れんかんき》」、史伝「頼朝・為朝」「蒲生氏郷《がもううじさと》・平《たいらの》将門《まさかど》」「運命」、注釈書『評釈芭蕉七部集』などがある。

そして源氏の正統が生き延びた

一方、父とはぐれた頼朝は、雪のなかで行き倒れのようになったところを鵜飼《うかい》の老人に助けられ、父もいったん頼った青墓の宿まで行った。ところが、ここにも平家の手が伸びていて、三河守《みかわのかみ》平頼盛《よりもり》に捕まってしまい、その家来である平弥兵衛宗清《やひょうえむねきよ》に預けられた。

頼朝はいかにも可愛らしい子供であったようだ。宗清に「これからどうしたいか」と問われ、「出家して後世《ごせ》を弔《とむら》いたい」と答えた。親兄弟の悲惨な最期を知ったからであろう。そうして、「小刀と木を一本いただけませんか」と宗清に頼み、卒塔婆《そとうば》をつくって死者の霊を弔い、ずっとお経をあげていた。その姿がいかにもいじらしい。

その話を平清盛の継母・池禅尼《いけのぜんに》が聞いた。しかも宗清は、池禅尼に「若くして亡くなられた禅尼様のご子息・家盛《いえもり》様にそっくりです」というようなことを言ったから、池禅尼はぜひ助けたくなって、清盛に頼朝の助命を懇願《こんがん》した。

清盛は「ほかの人間なら助けてもどうということはないが、義朝の子となれば話は別である。しかも、義朝が長男の悪源太義平より重んじた子供を助けるわけにはいかない」とつっぱねた。

池禅尼は清盛の父・忠盛《ただもり》を支えてきた功があり、また保元《ほうげん》の乱のときも息子の頼盛《よりもり》（清盛の義弟）に清盛とともに後白河《ごしらかわ》天皇側につくよう忠告するなど、平家にとっては大切な存在であった。その禅尼が平重盛《しげもり》（清盛の嫡男《ちゃくなん》）を動かしたりして圧力をかける。そのうえ、「刑部卿《ぎょうぶきょう》（忠盛）が生きておられたら、あなたも私の言うことを無視なさることはないだろうに。後家になった継母だからと、侮《あなど》っておられるのだろう」などと言って盛んにごねた。

ついに清盛も折れて、頼朝の命は助け、伊豆《いず》の蛭ヶ島《ひるがしま》に流すことにした。お礼のために頼朝が池禅尼を訪ねると、禅尼は「謹《つつし》んで穏やかに一生を終えるのですよ。私は亡くなった息子の家盛を思い重ねて春と秋の二回、あなたの流されているところに着る物を送ってあげましょう。私を母と思って、死んだら後世を弔ってください」と言った。頼朝は涙ながらに感謝したという。

ただ流されるとき、纐纈源吾盛安《こうけつげんごもりやす》という源氏の家来が、「髪を下ろすことだけはなりません。僧侶になると、のちになって兵を挙げるときの障《さわ》りになります」と囁《ささや》いたという。一度出家した者が還俗《げんぞく》して兵を挙げるという例は珍しくはないのだが、それではインパクトが弱い、ということであろう。頼朝はただ黙って頷《うなず》いただけであったが、結局、剃髪《ていはつ》することはなかった。晩年になって頼朝は、「自分の首が繋がっているのは池禅尼のおかげであり、髷《まげ》があるのは纐纈源吾のおかげである」と言っていたそうだ。

頼朝が兵を挙げるのは、伊豆に流されてから二十年後のことである。長い年月が流れたわけだが、頼朝は池禅尼の恩を忘れなかった。

挙兵したあとも、「池殿の兵隊（池禅尼の息子・平頼盛の兵）には絶対に弓を射かけてはいかん」と言っていたし、また頼盛に父・義朝の旧領を与えて厚遇してもいる。さらに、平家に捕えられた折に保護してくれた平宗清も取り立てようとしたが、宗清というのはなかなかの人物で、自分は平家だからと鎌倉に赴《おもむ》くことはせず、のちに源平《げんぺい》の合戦（屋《や》島《しま》の戦い）で平家のために戦死している。

夢を買った北条政子

頼朝の一生を見ると、途轍《とてつ》もなくスケールの大きな人物だったのではないかと思われる。十三歳で平家の本拠である六波羅を攻めようと言い出したり、たった一人で落ち武者狩りの二人を叩き斬ったりしたのだから、非常に激しいところがある。にもかかわらず、敵である平家の人々の目には、とても穏やかで可愛い少年と映った。囚《とら》われの身でありながら、悪びれずに経を読み、卒塔婆をつくっている。平家も、憎たらしければ助命したりせず、さっさと処刑していたであろう。

流刑《るけい》が決まって、家来から剃髪しないよう忠告されると黙って頷き、かといって軽挙《けいきょ》妄動《もうどう》はせず、伊豆になんと二十年間、おとなしくジッとしていた。じたばたしない。そしてその間、京都にいる乳母の妹の子・三善康信《みよしやすのぶ》から月に三度ほど手紙をもらい、京都の状況を絶えず把握《はあく》していた。

伊東の伊東祐親《いとうすけちか》のもとにいたとき、祐親の上洛中に、その三女・八重《やえ》と通じて子供ができた。八重の継母の告げ口でこれを知った祐親は平家の怒りを恐れて子供を殺し、さらに頼朝を討とうとする。頼朝は危うく逃げ、これも伊豆の豪族である北条時政《ほうじようときまさ》を頼った。

頼朝は豪族と縁を結びたかったのだと思う。兵を挙げるには、豪族の後押しがなければできないからである。それで時政の娘の一人を手に入れようとし、結局、長女・政子《まさこ》を妻にするのだが、これにはいかにものちの北条政子を彷彿《ほうふつ》とさせる話がある。

北条時政には娘が三人いた。先妻の子の政子と、後妻が生んだ二人の妹である。頼朝は伊東で先妻の娘と通じたために後妻に憎まれ、命まで危なかった苦い経験から、後妻（政子の継母）の娘のほうに恋文を送ったが、このとき、政子が「妹の夢を買った」という有名なエピソードが伝わっている。

妹が、不思議な夢を見たと政子に話した。「高い山に登って、日と月を袖《そで》に入れ、橘《たちばな》の実がなっている枝を持っていた」というのである。政子は、第十一代・垂仁《すいにん》天皇の皇后、日葉酢媛命《ひはすひめのみこと》が橘を食べて景行《けいこう》天皇を生んだという話を思い出し、内心とても縁起《えんぎ》のいい夢だと思ったが、この吉兆《きっちょう》を自分のものにしたいと考え、妹を騙すことにした。

「それは不吉な夢です。不吉な夢は七年間、人に話してはいけない、その決まりを破ると災厄《さいやく》が身にふりかかると言われています。あなたはそれを破ってしまったから、私がその夢を買って災いを転じてあげましょう」と政子は言って、父から与えられた北条家代々の宝である唐鏡《とうきょう》と衣一襲《ひとかさね》を妹に与えた。妹は大いに喜んだ。

　この日の夜、政子は夢を見た。白い鳩が金の箱をくわえてやってきて、それを開いてみたら頼朝からの手紙だったという夢である。

　その翌朝、本当に頼朝からの手紙が政子に届いた。使いの安達盛長《あだちもりなが》が気をきかせて勝手に宛名《あてな》を書き換えたとも、頼朝の人物を見込んでいた政子が予《あらかじ》め書き換えるように手を回していたとも言われている。いずれにしろ、こうして政子はやがて天下を取る頼朝の妻となったのである。

　妹の夢を買った話は作り話だと思うが、のちの政子を知った人には信じられて伝わったのだろう。この話を頼山陽《らいさんよう》（注1）は、

君《キミ》見ズヤ阿姉《アシ》ノ鏡、阿妹《アマイ》ノ夢ヲ買ヒシヲ

鳩ハ金函《キンカン》ヲ啣《フク》ミ　凰《オウ》ハ鳳《ホウ》ヲ得《エ》タリ

（『日本楽府《にほんがふ》』三二）

と表現している。鳳《ほう》は雄《おす》で頼朝を指し、凰《おう》は雌《めす》で政子を指している。

のちに明らかになるように、政子というのは実に非凡な女性だったから、万難を排して源氏の棟梁《とうりよう》・氏《うじ》の長者《ちようじや》である頼朝と結婚したかったのであろう。父の時政は、平清盛の一族で伊豆の代官である山木兼隆《やまきかねたか》（平兼隆）に政子をやる約束をしていたので、頼朝と政子の関係を知って驚いたが、約束を破ると大変なことになると思い、知らぬふりをしてそのまま政子を兼隆に輿入《こしい》れさせた。ところが、政子はその晩のうちに逃げ出して頼朝のもとへ走ってしまう。兼隆は、嫁に逃げられたのでは恥ずかしくて清盛に訴えるわけにもいかない。北条時政も知らぬ顔をし、結局、娘婿《むすめむこ》となった頼朝の後ろ盾となる。

（注１）**頼山陽**（一七八〇～一八三二）江戸後期の儒学者、歴史家、漢詩人、書家。大坂から江戸に出て経学《けいがく》・国史を学び、のち京都に上って私塾を開く。著書『日本外史《にほんがいし》』『日本政記《にほんせいき》』は幕末における歴史観に大きな影響を与え、尊王攘夷《そんのうじようい》運動の思想的背景となった。生前

に唯一出版された『日本楽府』は、山陽が日本の歴史から六十六のハイライトを選んで詩（楽府）にしたもの。

神のご加護か、強運か

やがて、前述した「平氏打倒の兵を挙げよ」という以仁王《もちひとおう》の令旨《りょうじ》が頼朝にも伝わる。頼朝はしばらく静観していたが、京都からの連絡役だった三善康信から「以仁王の令旨の件が京都で露見し、令旨を受け取った諸国の源氏追討の命令が下った。そちらにも手が回るから、奥州の藤原氏を頼って逃げるように」という手紙が届いた。しかし頼朝は逃げるよりも戦うことを選び、父・義朝の時代から縁故のある関東の豪族たちに挙兵を呼びかけた。治承《じしょう》四年（一一八〇）のことであった。

頼朝はまず、伊豆を支配している山木兼隆を討つことにした。政子が嫁入りすることになっていた例の代官である。頼朝は吉凶《きっきょう》を占い、攻撃の日を八月十七日の夜明け前と決めた。

頼朝は非常に信仰心が篤《あつ》く、現代から見ると迷信家と思えるほどに神仏を拝んでいた。兵を挙げるときに頼朝が記した願文《がんもん》には、神仏の名がズラリと並んでいる。当時の信仰というのはそういうものかもしれないが、頼朝が神仏を深く敬《うやま》っていたことはたしかである。

挙兵の日時も占いで決めたのだが、前日から必勝祈願の祈禱《きとう》を行っていたにもかかわらず、当日、思いがけない事態が起こった。加勢をあてにしていた佐々木秀義《ささきひでよし》の四人の息子、定綱《さだつな》・経高《つねたか》・盛綱《もりつな》・高綱《たかつな》の兄弟が姿を現さなかったのである。ただでさえ小勢《こぜい》だったから、いよいよ人数が足りない。未明の襲撃は中止となった。だが、翌十八日は頼朝が幼い頃から欠かさず行ってきた正観音像《しょうかんのんぞう》を拝む日であるから、信仰心の篤い頼朝にしてみれば翌日に変更することはできない。さりとて、翌々日では挙兵が露見《ろけん》してしまう恐れがあった。

頼朝は佐々木が平家方についたのではないかと気が気でなかったが、日が暮れかかる頃になって、佐々木兄弟が泥まみれの惨《みじ》めな姿でようやく到着した。大雨で洪水となり、川が渡れないので遅れたというのであった。

佐々木兄弟が加わった頼朝軍は、その日の夜に山木兼隆の館を襲撃した。佐々木経高がまず放った矢が、源氏が平家を倒す最初の一矢《ひとや》であった。この日は三嶋大社《みしまたいしゃ》の祭礼があり、山木の代官屋敷からは郎党の多くが参拝に出かけていて防禦《ぼうぎょ》が手薄だったのが頼朝に幸いした。山木の兵もよく戦い、激戦となったが、ついに伊豆の武将・加藤景廉《かとうかげかど》が山木判官を討ち取った。

信仰によってこの日しかないと決めた挙兵だったが、予定どおり払暁《ふつぎょう》に攻めていたら、もしかするとうまくいかなかったかもしれない。佐々木兄弟が遅れたためにやむなく夜襲に変更したところ、夜祭りのおかげで成功した。これも運である。神仏の加護というより、天下を取る人間には運もついて回るのだろう。

敗軍の将・頼朝の威厳

しかし、続く相模国石橋山《いしばしやま》(現小田原市)の戦いで、大庭景親《おおばかげちか》の率いる平家側の大軍に頼朝軍は大敗する。酒匂川《さかわがわ》の氾濫《はんらん》によって、三浦氏の援軍が足止めされてしまったからである。

このとき、頼朝は山中に逃げ込んだが、あやうく大庭軍の捜索隊に見つかりそうになった。ところが、洞窟に隠れていた頼朝を見た梶原平三景時《かじわらへいぞうかげとき》という武士が、「ここにはいない、ほかを探せ」と頼朝をかばったという話が残っている。おそらく、ただ匿《かくま》ってやったというだけのことだろうが、とにかく景時のおかげで頼朝は命拾いをした。ちなみに、この梶原景時はのちに頼朝の重臣となったが、源義経《よしつね》とことごとく対立し、頼朝に対して義経を誹謗中傷《ひぼうちゅうしょう》したとして後世、判官《ほうがん》びいき（義経びいき）の大衆から憎まれる〝悪役〟となる。

頼朝は箱根から真鶴《まなづる》に出て船で房総《ぼうそう》に逃れ、安房《あわ》（現千葉県）で改めて源氏の兵を集めた。このとき、上総《かずさ》の平広常《ひろつね》が二万の大軍を引き連れ、遅ればせながら参陣した。さぞかし頼朝が有り難がるだろうと思っていたら、「なぜいまごろ来たのか」と逆に広常は怒鳴りつけられた。石橋山の戦いで負けて逃げてきたにもかかわらず、大軍を連れてきた大将を叱りつける毅然《きぜん》とした態度に、場合によっては頼朝に背《そむ》く気でいた広常も「さすがに源氏の棟梁である。これは大物だ」と感じ入って、忠誠を誓うことになった。

この時期の武士たちの動きを見ると、源氏の正統であることがいかに重要だったかがわかる。頼朝の身に備わった、源氏の棟梁としての資質と自然な威厳に大軍がついてきたのである。

房総から関東に入る間に源氏恩顧《おんこ》の東国の武士が続々と馳《は》せ参じて、反平家軍は数万騎に膨れ上がり、頼朝は堂々と源氏累代《るいだい》の地である鎌倉に入った。その背景には頼義《よりよし》・義家《よしいえ》（八幡太郎《はちまんたろう》）父子以来の源氏の流れがある。加えて、「平家に非《あら》ざれば人に非ず」と言い放った平家の驕《おご》りを憎んでいた武士たちも多かったであろう。

福原の新都（注1）にいた平清盛は頼朝追討軍の派遣を決め、亡き長男・重盛《しげもり》の嫡子《ちゃくし》、つまり嫡孫《ちゃくそん》の維盛《これもり》を追討使として、治承四年（一一八〇）九月二十二日、福原を出発せしめた。このときの平家軍は五千余騎にすぎなかったが、進軍の途中で兵を募《つの》り、駿河《するが》の国に着いたときにはおよそ五万の軍勢となっていた。

頼朝はこれを迎え撃つべく、二十万とも言われる大軍を率いて鎌倉を発した。駿河の黄瀬川《きせがわ》まで来たときに、奥州《おうしゅう》の藤原秀衡《ふじわらのひでひら》の保護を受けていた弟の源義経（幼名・牛若《うしわか》丸《まる》）が駆けつけて、有名な兄弟の対面を果たす。頼朝は、「先祖の八幡太郎義家が後三年《ごさんねん》の役《えき》で苦戦していたときに、その弟・新羅三郎義光《しんらさぶろうよしみつ》が官位を擲《なげう》って駆けつけたようなものである」と言って非常に感激した。もっとも、後述するように頼朝・義経兄弟の仲は長くは続かなかった。

（注1）**福原の新都**　治承四年（一一八〇）六月、平清盛は突然、孫の安徳《あんとく》天皇を奉じて摂《せっ》津《つ》福原（現神戸市）への遷都《せんと》を強行した。一説には宋《そう》との貿易を考えてのことだったとも言われる。だが、この遷都は公家や平氏一門に歓迎されず、源頼朝の挙兵もあって、半年足ら

ずで再び都を平安京（京都）に戻すことになった。

平家の夢の醒《さ》めはじめ

かくして頼朝の大軍と平維盛率いる平家の軍勢は、富士川で相まみえることになる。ところが、平家は一戦も交えずに逃げ出してしまったのである。

治承四年（一一八〇）十月二十日、頼朝軍の武将・武田信義《たけだのぶよし》の部隊が夜、維盛軍に近づいたところ、富士川にいた多くの水鳥が騒いだ。その羽音を聞いた維盛の軍勢は、すわ源氏の大軍の総攻撃が始まったと思い込み、慌てふためいて武器も食料も放り出したまま、われ先に逃げてしまうのである。日本の戦《いくさ》では前代未聞のことである。だから、江戸川柳《せんりゅう》の格好の材料にもなった。

立つ鳥に後を濁《にご》して平家逃げ

これは、のちのちまで武士の名を汚したことをからかった句である。

水鳥の羽音が夢の醒《さ》めはじめ

まさに、このときの敗戦が平家の栄華の夢の醒め始めであった。そのきっかけが何ということであろう、水鳥の羽音であったとは。平家がなぜこれほど武家として弱体化してしまっていたかといえば、平家が公家化していたこと、それからすぐれた武将であった平重盛（清盛の嫡子。維盛の父）が亡くなっていたせいもあるだろう。

この富士川の戦いのときは、かつて源義朝に仕えていた斎藤実盛《さいとうさねもり》が関東の武士の勇猛さを伝えていたので、平家に恐怖感があったとも言われる。

実盛自身、弓の名手として知られていたが、「関東には自分程度の弓の名手は数えきれないほどいます。しかも武士も馬も精悍《せいかん》で、関東の一騎はわが軍の二十騎か三十騎にあたるでしょう」と維盛に語った。だから、「急いで関東に入り、頼朝に先んじて武蔵《むさし》と相模の武士を味方につけるべきです」と提案したのだが、富士川に陣を敷こうという総参謀格の藤原忠清《ただきよ》の案を維盛は採用したので、実盛は身を引いて帰京してしまった。忠清は源三位《げんざんみ》頼政《よりまさ》を宇治で討った侍大将なので、発言に権威があったのだろう。しかし、実盛がいなくなったことも歴史上、類を見ない負け戦の原因かもしれない。

いずれにせよ、平維盛の大軍は敗走した。しかし頼朝はこれを追撃せず、東国に根を張ろうという姿勢を示した。というのは、「常陸の佐竹家をはじめ、まだ味方についていない武士団が関東に残っているから、まず東国の鎮定《ちんてい》が先決である」という三浦義澄《みうらよしずみ》や平広常らの武将の進言に従ったのである。

「平家の都落ち」

頼朝に代わって京へ攻め込んだのは、同じく以仁王の令旨によって信濃で挙兵した従弟《いとこ》の源（木曾《きそ》）義仲《よしなか》であった。寿永《じゆえい》二年（一一八三）、平家は十万余と称する大軍を北陸に送り込んで義仲を討伐しようとしたが、同年五月、越中《えつちゆう》と加賀《かが》の国境にある礪波山《となみやま》の倶利伽羅峠《くりからとうげ》で木っ端微塵《こぱみじん》に打ち砕かれた。義仲が数百頭の牛の角に炬火《たいまつ》をつけて敵陣を奇襲したという話の伝わっている、有名な「倶利伽羅峠の戦い」である。

それからの平家軍は、敗戦に次ぐ敗戦を続けた。その前々年に突如、病死した清盛からあとを託された三男・宗盛《むねもり》は七月、幼少の安徳天皇を奉じ、三種《さんしゆ》の神器《じんぎ》とともに京都を去っていったん福原に逃げ、ついに九州筑前《ちくぜん》に落ちていく。栄華を極めた平家のこの「都落ち」は、後世まで哀惜《あいせき》の念を持って語り継がれている。

清盛の弟の忠度《ただのり》は、和歌の師匠であった藤原俊成《としなり》に別れを告げる際、「このたびまた勅撰集《ちょくせんしゅう》の計画があると聞いておりますが、そのなかに私のものを加えていただければ死すとも朽《く》ちることはないでしょう」と言って、鎧の間から自分の作品集を取り出して渡した。涙ながらにこれを受け取った俊成は、のちに『千載和歌集《せんざいわかしゅう》』を出すときに「読み人知らず」として忠度の作品を一首入れた。

さざなみや　滋賀の都は荒れにしを　昔ながらの山ざくらかな

「読み人知らず」としたのは、まだ平家滅亡から間もないときだったので名を出すのが憚《はばか》られたからである。俊成の子、藤原定家《さだいえ》の『新勅撰和歌集』には忠度のほか行盛《ゆきもり》、経盛《つねもり》、経正《つねまさ》などの平家の公達《きんだち》の和歌が作者名とともに収められている。

京都解放軍・木曾義仲の蹉跌《さてつ》

平家に圧迫されていた後白河《ごしらかわ》法皇にとって、義仲の軍勢は勤皇の解放軍のように見えたようだ。法皇は直ちに義仲に平家追討の宣旨《せんじ》を下した。官軍の立場が逆転したのである。しかし、後白河法皇と義仲の関係はすぐに悪化した。法皇は平家討伐の勲功を、関東を平定した頼朝を第一とし、平家を都から追い落とした義仲の功を第二とした。さらに法皇は、平家が西国へ連れ去った安徳天皇を廃帝とし、新帝を立てることにしたが、以仁王の子・北陸宮《ほくりくのみや》を推《お》す義仲の意見を容れず、高倉《たかくら》天皇の皇子（安徳天皇の異母弟）である尊成《たかひら》親王（後鳥羽《ごとば》天皇）を即位させたため、義仲は大いに憤慨《ふんがい》したのである。

後白河法皇と公家たちの目には、木曾義仲は粗野《そや》な人物としか映らなかった。義仲は「旭将軍《あさひしょうぐん》」と呼ばれたほど武功に優れた人物だが、山出《やまだ》しの武将で教養に欠けるところがあった。さらに兵糧《ひょうろう》の配慮がなかったものだから、ただでさえ飢饉《ききん》に喘《あえ》いでいる都とその周辺で義仲軍の掠奪《りゃくだつ》が横行した。朝廷から苦情が出ると、義仲は「五万の兵士が京都に駐屯《ちゅうとん》しているのに、朝廷は食糧の供与もしてくれないではないか。奪わなければ兵士は飢えてしまう。だが、宮廷や公家の家に押し入って資材を奪ったことはない。事態はやむを得ざるところから出ているのであって、つべこべ言われる筋合いはない」と居直ったと言われる。

義仲が京都で狼藉《ろうぜき》を働いているというので、後白河法皇からの要請もあり、以前から義仲を討って都を手中にする機会を狙っていた頼朝は、弟の範頼と義経に命じて義仲追討軍を都へ向かわせた。

法皇から平氏追討を命じられていた義仲は、兵庫の室山《むろやま》や備中《びっちゅう》の水島で平家と戦っていたが利あらず。そこへ範頼・義経軍が京都に攻め上ると聞いて引き返してきた。法皇は水島に戻って平家を攻めるようしきりに命ずるが、義仲は聞き入れない。義仲の兵士はますます京都で乱暴を働くようになった。それで法皇は自ら義仲を討つ決心をし、延暦寺《えんりゃくじ》と園城寺《おんじょうじ》に詔勅《しょうちょく》を下して、御所《ごしょ》である法住寺殿《ほうじゅうじどの》を武装化した。義仲は法住寺殿を焼き払い、後白河法皇を捕えて幽閉《ゆうへい》する。

そして宮廷の多くの貴族の官職を取り上げ、自らを征夷大将軍《せいいたいしょうぐん》に任ぜしめ、それとともに頼朝追討の宣旨も法皇に強要した。しかし法皇は、義仲が平家を追って西下している間に、義仲追討の宣旨を頼朝に下していたのである。

それで頼朝は義仲追討のため、範頼・義経の大軍を鎌倉から派遣する。義仲は京都の守りを固め、これを迎え撃ったが兵の気勢は上がらず、近江《おうみ》の宇治川《うじがわ》や瀬田《せた》の戦いで義仲軍は惨敗する。義仲も近江国粟津《あわづ》松原で敗死した。源氏が同じ源氏を滅ぼしたのである。

のちに、これを憐《あわ》れんだ佐々木《ささき》（六角《ろっかく》）高頼《たかより》が天文《てんぶん》二十二年（一五五三）、一寺を建てた。

それが現在、大津市にある義仲寺《ぎちゆうじ》である。義仲の墓の隣りには松尾芭蕉《まつおばしよう》の墓があり、伊勢の俳人・又玄《ゆうげん》の、

木曾殿と　背中合はせの寒さかな

という句を刻んだ碑がある。このため、義仲寺はいまも俳人たちの句会の場所になっている。

源義経と平家滅亡

義仲が従兄弟の軍勢に滅ぼされたあと、範頼と義経に今度は平家追討の院宣《いんぜん》が下った。この源平合戦（治承・寿永の乱）で目覚ましい活躍をしたのが義経である。平家が滅びるまでの戦いは、そのまま義経の英雄譚《えいゆうたん》であった。

平家はこのときまでに勢力を盛り返し、瀬戸内海に至る西国を制圧し、讃岐国屋島《さぬきのくにやしま》を本拠として、かつて清盛が一時的に都を置いた福原に進出し、京都奪還を狙っていた。一ノ谷の砦《とりで》に陣を敷いた平家は自信満々であった。

この一ノ谷を、本隊を率いる範頼が正面から攻め、義経は迂回《うかい》して鵯越《ひよどりごえ》の難路を進み、わずか七十騎の兵を率いて断崖絶壁を馬で駆け下り、背後を突いて平家陣営を壊乱《かいらん》せしめた。これが有名な「鵯越の逆落《さかお》とし」である。まさに日本軍事史に例のない、目の醒めるような戦いぶりであった。

騎馬隊を使った見事な戦争ができた大将は、日本にはほとんどいない。司馬遼太郎《しばりようたろう》も言っているように、義経と日露戦争における秋山好古《あきやまよしふる》くらいのものであろう。この一ノ谷の戦いで、平家は平重衡《しげひら》をはじめ有力な武将の多くを失った。ちなみに、織田信長が好んだ幸若舞《こうわかまい》『敦盛《あつもり》』などで知られる平敦盛も、この戦いにより十六歳で没している。

さらに範頼を主力とする追討軍が山陽道から九州へ遠征したが、途中で兵糧が尽き、範頼軍は崩壊寸前に陥《おちい》った。やはり源平合戦は義経の戦いだったのである。改めて義経が出陣し、屋島・壇《だん》ノ浦《うら》で血沸《ちわ》き肉躍《にくおど》る戦いを繰り広げた。

義経の屋島攻撃は、一ノ谷の戦い以上に激烈なものであった。暴風のなかの船出を命じた義経に、兵たちは猛反対した。このとき、義経はこう言って出発を厳命した。

「風が激しいといっても順風ではないか。もし風が凪《な》いで海が平らであったら敵も警戒しているだろう。いま油断しているところを襲えば必ず勝つ。もし船頭が言うことを聞かなければ射殺せ」

ところが、義経に従った船はたった五艘《そう》で、兵力は百五十騎にすぎなかった。小勢であることを敵に知られないため、義経は自分の船にだけ篝火《かがりび》を焚かせ、他の船には火を使わせなかった。烈風を追い風にした船は飛ぶように進み、通常なら三日かかるところを、夜中に出発して明け方には阿波《あわ》（現徳島県）の海岸に着いた。それから僅かな兵力で次々に敵陣を破り、圧倒的に優勢だった平家を海上に追い落とす。

束の間の休戦状態のとき、平家の官女が小舟を出し、「竿《さお》の先の扇を射てみよ」と挑発したのを、弓の名手・那須与一《なすのよいち》がみごと射落としたというエピソー

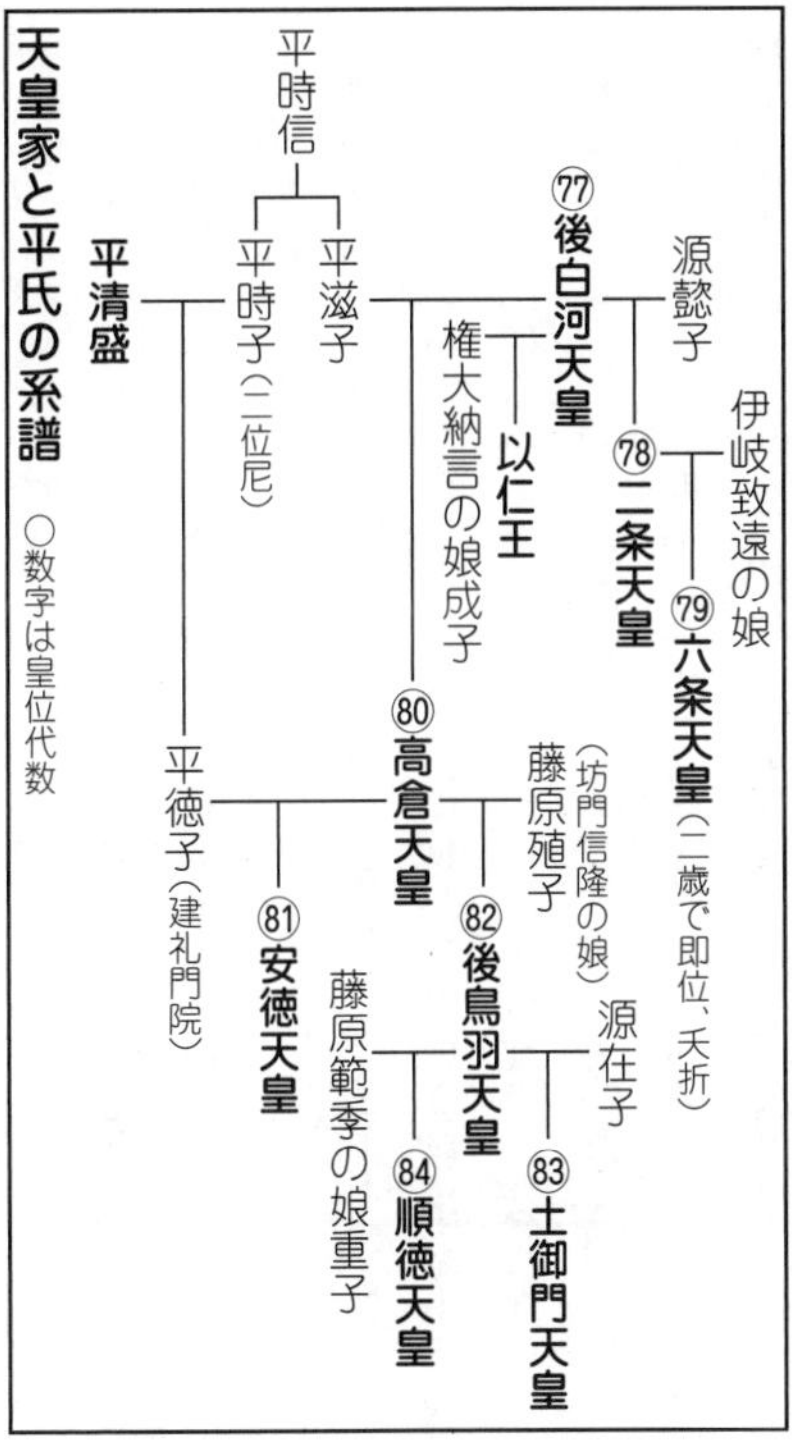

ドもこのときのことである。

追い詰められた平家軍は、関門海峡の壇ノ浦で義経の水軍を迎え撃った。これが源平最後の戦いとなるが、この戦いでは平家を滅ぼすだけでなく、三種の神器を奪い返すことが重要であった。

海戦を得意とする平家の水軍は、潮の速さを利して圧倒的に有利な戦いを進めたが、やがて潮の流れが変わって形勢が逆転したという。平家軍は壊滅状態となり、敗北を悟った平氏一門は次々と海に身を投じた。平家随一の猛将といわれた平教経《のりつね》は、敵の大将と刺し違えようと義経の舟に飛び乗ったが、義経は身軽に舟から舟に飛び移って逃げた。いわゆる「義経の八艘飛《はっそうと》び」である。教経は組みついてきた源氏の安芸《あき》兄弟（太郎・次郎）を道連れとして、両脇に抱えたまま海に飛び込んだという。

こうして平家は寿永四年（一一八五）、壇ノ浦で滅びた。

悲惨だったのは、数え年六歳の安徳天皇が、祖母にあたる二位尼《にいのあま》（平時子《ときこ》。清盛の正室）に抱かれたまま海に沈んだことである。安徳天皇の母・建礼門院《けんれいもんいん》と、安徳天皇の異母弟・守貞《もりさだ》親王も入水《じゅすい》したが、二人は助け上げられた。

平家の総帥・宗盛（清盛の三男）も嫡男の清宗《きよむね》とともに入水するが（ぐずぐずしていた

ので家来に突き落とされたとも言われる)、泳ぎが得意だったため、あてもなく漂《ただよ》っているところを捕えられ、鎌倉に送られたあと、京都に送還されて父子ともども斬首されている。また、「平家に非ざれば人に非ず」という有名な言葉を吐いた平時忠《ときただ》も捕われたが、文官であったため死罪を免《まぬか》れ、能登《のと》に流されている。

この戦いで亡くなった人々、捕われた人々は、主に以下のとおりである。

〈亡くなった人々〉
安徳天皇
二位尼(平時子。清盛の正室。安徳天皇の祖母)
平知盛《とももり》(大将。清盛の四男)
平経盛(清盛の異母弟)
平教盛《のりもり》(清盛の異母弟。経盛の弟)
平資盛《すけもり》(重盛の二男)
平有盛《ありもり》(重盛の四男)
平行盛(重盛の甥。闘死との説もある)

平教経（教盛の二男）
〈捕われた人々〉
建礼門院（平徳子《とくこ》。安徳天皇の母。清盛の娘）
守貞親王（安徳天皇の異母弟）
平宗盛（総帥。清盛の三男）
平清宗（宗盛の嫡男）
平時忠（権大納言《ごんだいなごん》。清盛の継室・平時子の同母弟）
平時実《ときざね》（時忠の長男）

二位尼と安徳天皇とともに海中に没した神器のうち、八咫鏡《やたのかがみ》と八尺瓊勾玉《やさかにのまがたま》は回収されたが、天叢雲剣《あまのむらくものつるぎ》すなわち草薙剣《くさなぎのつるぎ》はついに見つからなかった。もっとも、この剣は儀式用の形代《かたしろ》（神器に準ずる複製品）で本物は宮中に置いておいたが、あまりに畏《おそ》れ多いというので熱田神宮に奉納されていたという。

この平家滅亡を簡潔に示した叙述として、藤谷みさを『皇国二千六百年史』（大阪毎日・東京日日新聞社、昭和十五年刊）から引用しておきたい。

「……清盛が太政大臣に任ぜられてから僅《わずか》に二十年にして驕《おご》る平氏久しからずの憾《うらみ》を残しつつ一族は壇浦の藻屑《もくず》と消去った。武家の滅亡という言葉よりはさながら美しき公卿《くげ》と言って表現した方がより適切であった。人の世は短く藝術は長し。嘗《かつ》て清盛が一族の人と共に書写《しょしゃ》して奉納した優美豪華な厳島経巻《いつくしまきょうかん》は、今なほその自然と人工の殿堂に護られつつ永《とこし》へに平安美術の粋を誇っている」（同書五十ページ）

義経、奥州《おうしゅう》に死す

数々の武功を立て、ほとんど一人で平家を倒したかの観さえある義経を、頼朝が快く思わなかったのは当然かもしれない。自分を脅《おびや》かす存在と見たのであろう。しかも義経は京都と宮廷で非常に人気があり、後白河法皇は義経を従五位下《じゅごいのげ》に叙《じょ》し、検非違使太夫《けびいしたゆうの》尉《じょう》、通称「判官《ほうがん》」の位を与えている。それも頼朝の癇《かん》に障《さわ》った。

頼朝にしてみれば、「自分は氏の長者、源氏の棟梁である。その自分を通さずに位をもらうとは何ごとか」ということになる。一方、義経は兄のために戦ったのだと思っている。その結果、法皇が位をくれるというのでもらっただけではないか、という気持ちだったであろう。ところが、頼朝は「源氏の正統」という意識が非常に強い。のちに頼朝が幕府を開いたときの参謀総長というべき側近・大江広元《おおえのひろもと》（政所《まんどころ》初代別当《べっとう》）も、頼朝が嫌うことを知って宮廷が授けた官位を辞退している。

壇ノ浦の戦いのあと、頼朝は朝廷から任官された武士たちに帰国禁止令を出した。義経にはそれがピンとこない。壇ノ浦で捕えた平宗盛・清宗父子を護送して鎌倉に凱旋《がいせん》しようとしたが、頼朝は義経の鎌倉入りを許さなかった。宗盛父子のみを引き取って、義経は鎌倉郊外の腰越満福寺《こしごえまんぷくじ》に留め置かれた。義経は自分に叛意《はんい》のないことを綴った書状を大江広元に託した。有名な「腰越状」である。しかしそれも無視されて、義経は空しく京へ戻った。

頼朝は目付であった奈良法師《ならほうし》の土佐坊昌俊《とさのぼうしょうしゅん》を京都に送り、義経を謀殺《ぼうさつ》させようとした。昌俊が義経を訪ねて来たあと、義経の愛妾《あいしょう》・静御前《しずかごぜん》がそれを見抜き、「あの人は今夜にでも攻めて来るつもりです。しきりに屋敷の備えに目配りしていました」と義経に注意した。義経にしてみれば、土佐坊の軍隊など目じゃないという気持ちだっただろう。果たせるかな、まさにその夜、昌俊は六十余騎を率いて、義経のいる六條堀川館《ろくじょうほりかわのたち》を急襲した。

そのとき、館にいたのはたった七騎だったが、蹴散《けち》らしてやろうと出ていく義経に静御前は鎧をつけることを勧め、手《て》ずから鎧を着せてやった。義経は十倍近い敵を斬り伏せて敗走させたが、戦いが終わってみると義経の鎧にはハリネズミのように矢が刺さっていた。静御前の助言のおかげで義経は助かったことになる。大変賢明な女性であった。昌俊の襲撃を受けた翌日、義経は頼朝追討の宣旨を法皇に願い出て、これを許された。ところがその後、頼朝は頼朝で義経を討つ勅命をもらった。頼まれればいくらでも宣旨を出すようだが、後白河法皇にしてみれば、頼朝でも義経でもどちらでもよかったのだろう。ただ、その朝廷のお墨付きというのは非常に重要な意味を持つ。頼朝の父・義朝を騙し討ちにした長田忠致も、宮廷から残敵掃討《ざんてきそうとう》の勅命が出ていたという口実によって自分の行為を正当化したのである。

しかし、義経には自分の兵隊がほとんどいなかった。奥州《おうしゅう》から一人で出てきたようなものだし、御家人はすべて源氏の棟梁である頼朝についている。そこで頼朝の勢力が及ばない西国九州で兵を集めるべく、摂津国大物浦《だいもつのうら》（現兵庫県尼崎市《あまがさき》）から船を出したが、途中、暴風雨のために難破し、主従散り散りとなって義経は摂津に押し戻されてしまう。もし義経一行が九州に逃げ延びていたら、頼朝も簡単には討伐できなかっただろうからどうなったかわからない。このあたりは「運」としか言いようがない。

義経は、武蔵坊弁慶《むさしぼうべんけい》ほか僅かな郎党《ろうとう》と、愛妾・静御前とともに吉野山に隠れたが、そこも襲われ、落ち延びる途中で静御前も捕えられる。義経は大変な難儀《なんぎ》をしながら、若い頃に世話になっていた藤原秀衡《ひでひら》を頼って奥州に逃げた。このときの逃避行を題材に、『義経千本桜《よしつねせんぼんざくら》』や『勧進帳《かんじんちょう》』などの歌舞伎《かぶき》の演目がつくられ、後世、人気を集めることになる。

初代・清衡《きよひら》が平泉中尊寺《ひらいずみちゅうそんじ》を建てたことで知られる名門、奥州藤原氏の第三代当主・秀衡は義経を匿い、関東以西を制覇した頼朝の勢力が奥州に及ぶことを警戒し、義経を将軍に立てて鎌倉に対抗しようとしたが、義経が平泉に落ち延びてから九カ月後に病に倒れた。

秀衡は息子の国衡《くにひら》・泰衡《やすひら》・忠衡《ただひら》に、義経を主君に仰いで頼朝と戦うよう遺言《ゆいごん》したが、頼朝の圧力に負けた泰衡がこれに背き、忠衡ら義経派を殺して衣川館《ころもがわのたち》にいた義経主従を討った。泰衡は義経の首を頼朝に差し出したが、愚かにもその後、たちまち頼朝軍に攻め滅ぼされた。

もしも義経が奥州藤原氏とともに戦っていたら、面白いことになったかもしれない。しかし残念ながら、弁慶が義経をかばって体中に矢を受けつつ立ったまま死んだという

「弁慶の立ち往生《おうじょう》」の伝説とともに、義経は自害して果てた。文治《ぶんじ》五年（一一八九）閏《うるう》四月のことであった。

その死を惜しんで、義経は北海道から大陸に渡ってジンギスカンになったのだという話が、昭和になってからもいろいろな本として出版されている。

義経伝説

最近、一流出版社から出された六百数ページの日本史の本に、義経が出ていないことを発見した。たしかにプロの歴史家から見れば、義経は派遣軍の一指揮官であって「学問的」な歴史に登場するに足りない存在であろう。しかし、日本人の歴史意識から言えば、義朝や頼義の名前が出てくる大著に義経が出てこないのは不満である。戦前の昭和を体験した者として、義経にも少しページを割《さ》きたい。

昭和十一年（一九三六）十二月に、講談社の野間清治《のませいじ》は一つの画期的なプランを実行した。それは少年の皇太子殿下（現在の今上《きんじょう》天皇）が見られても恥ずかしくない絵本を出すことであった。だから名のある画家を使った。だいたい、ひと月四冊か三冊の発刊である。第一回目は「乃木《のぎ》大将」「四十七士」「岩見重太郎《いわみじゅうたろう》」「漫画傑作集」だった。必ず漫画を一冊入れるのが、野間清治の特色であった。

そして、昭和十二年二月に出たものに「牛若丸」があった。牛若はもちろん、義経の幼名である。絵は近藤紫雲《こんどうしうん》画伯の惚れ惚れするほど美しいものだ。その二ページと三ページは見開きの絵になっており、雪のなかを常盤御前（義朝の側室）が二人の幼児を連れ、一人を懐《ふところ》に抱いて落ちてゆく場面である。

常盤は有名な美人であり、絵も美人に描いてある。平治の乱で夫の義朝が殺されたので、雪のなかを逃げてゆくところだ。二人の幼児は今若《いまわか》（のちの阿野全成《あのぜんじょう》で、二代将軍・頼家《よりいえ》に殺される）と乙若《おとわか》（のちの円成《えんじょう》で、源平の戦いで討死）であり、懐に抱かれている赤ん坊が牛若丸（義経）である。

そしてこの絵本は、牛若丸の鞍馬山《くらまやま》での修行、京の五条の橋の上での弁慶との試合などと、以前なら子供も知っていた話が続く。常盤が子供三人とともに雪のなかに立つ情景は、昔から画題としてよく取り上げられた。幕末の漢詩人、梁川星巖《やながわせいがん》がこんな七言絶《しちごんぜつ》句《く》をつくっている。

雪灑笠檐風捲袂　　雪ハ笠檐《リユウエン》ニ灑《ソソ》ギテ風ハ袂《タモト》ヲ捲《マ》ク

呱呱覓乳若為情　呱呱《ココ》乳《チチ》ヲ覓《モト》ムルハ若為《イカン》ノ情《ジョウ》ゾ
他年鐵枴峰頭険　他年《タネン》鐵枴峰頭《テツカイホウトウ》ノ険《ケン》
叱咤三軍是此聲　三軍《サングン》ヲ叱咤《シッタ》スルハ是《コ》レ此《コ》ノ聲《コエ》

（雪は笠《かさ》の廂《ひさし》にそそいで風は袂を捲き上げて寒気は甚《はなは》だしい。ふところに抱いている牛若は泣き叫んで乳を求めている。母の常盤はどんな気持ちだろう。後年、一ノ谷の戦いのとき、馬を鉄枴山の峰に駆り上げて三軍に叱咤命令した声こそ、乳を求めて泣いているこの赤ん坊の声なのだ）

平家追討も、義経がいなければどうなったかわからない。いまでも、源平の歴史は『平家物語』や『源平盛衰記』を読まなければ眼前に髣髴《ほうふつ》としないのだ。その義経を殺したということが、頼朝という人物を理解し、鎌倉幕府の制度を実感的に理解させてくれるのだと思う。

縁者を皆殺し

義経の戦いぶりは源平合戦の華であった。しかも最後が悲劇的だったから、日本人の国民的同情を引き、「判官びいき」という言葉も生まれたのである。頼朝は北条氏には非常に気をつかったが、身内には厳しかった。頼朝の立場からすれば、自分の後ろ盾になってくれる御家人《ごけにん》は必要だが、源氏の棟梁という自らの正統を侵しそうな人物は弟でも邪魔だったということであろう。

義仲を討ったところまではわかる。彼の軍は都で乱暴狼藉を働いたうえ、義仲に天下を狙う野心があったからである。しかし、その義仲を討ち、平家を倒した武勲第一等の弟・義経を滅ぼし、さらにもう一人の弟・範頼も討って、勲功のあった兄弟を皆殺しにしてしまうのだ。

範頼は義経と力を合わせて、義仲や平家を倒した戦功抜群の武将である。しかも、彼は義経が滅ぼされるのを見て、同じ災いが自らの身に及ぶことを恐れ、頼朝にとくに恭順《きょうじゅん》を誓っていたのである。それでも頼朝は疑念を起こし、伊豆の修善寺《しゅぜんじ》に範頼を幽閉《ゆうへい》した挙げ句、殺してしまう。義経の死から四年後のことである。

頼朝が範頼に疑念を起こした理由は、実につまらないことであった。

建久《けんきゅう》四年（一一九三）、狩の好きな頼朝が、富士の裾野《すその》で盛大な巻狩《まきがり》を催した。このとき、有名な「曾我《そが》兄弟の仇討《あだう》ち」があった。巻狩に参加していた鎌倉幕府の御家人・工《く》藤祐経《どうすけつね》を父の仇《かたき》と狙う曾我十郎・五郎の兄弟が祐経の寝所に斬り込み、これを討ち果たした。

宿営地一帯は大騒ぎとなり、武士たちに取り囲まれた兄弟が奮戦するうち、五郎は頼朝の居館にも押し入ったため、鎌倉では頼朝が亡くなったという噂が飛び交った。

嘆き悲しむ頼朝の妻・政子に、鎌倉に残っていた範頼が「いざとなったら、あとには私がおりますからご安心ください」と言葉をかけたという。それが頼朝の不興《ふきょう》を買い、「謀反《むほん》の疑いあり」ということになったのである。

このようにして頼朝は、実際に武器を取って平家と戦った近親者を義仲、義経、範頼の順で殺し、さらに義仲の長男で自分の長女と結婚していた清水冠者《しみずかじゃ》源義高《よしたか》をも殺している。そして頼朝が亡くなってみると、彼の血をわけた男子は、長男の頼家（当時十八歳）と二男の実朝《さねとも》（当時八歳）の二人しか残っていなかった。

頼朝は、天下の支配体制づくりにも義経を利用した。京から逃げた義経を追うために、全国の行政・軍事・警察権を持つ総追捕使《そうついぶし》という位を朝廷からもらい、義経追討の名目で守護《しゅご》・地頭《じとう》を置いた。これは、宮廷および政治の仕組みをよく知っていた大江広元の案だといわれている。

「御家人」というのは、頼朝と主従関係を結んだ武士のことである。「守護」というのは原則として国別に一名ずつおり、幕府ができるときに功績のあった豪族的な御家人がなった。それまで朝廷の地方官だったが御家人になった者もいる。「地頭」というのは、手柄を立てた御家人に荘園《しょうえん》などの土地に対する支配権、つまり不動産の支配権を与えたものである。そして守護は、自分の国の御家人を率いて幕府の軍務を果たし、謀反や殺人のような重大犯罪を処断した。

これによって、あっという間に全国を自分の御家人で占める体制ができた。九州の島《しま》津《づ》氏、中国の毛利《もうり》氏まですべて源氏の御家人ということになった。最後に残った奥州藤原氏を征伐したことによって、頼朝は日本全国を初めて一人の力で統一したのである。それは単に武力だけによるものではなく、「総追捕使」の名の下に守護・地頭という形で御家人を利用し得たことが大きかったと言えるであろう。

つまり頼朝の幕府の制度は、自分に対する武士の個人的忠義を国全体の体制にしたものである。これは明治までの幕藩《ばくはん》体制のもととなった。この御家人的忠義を、天皇（日本国）への忠義に切り換えたのが明治維新であった。

怨霊《おんりょう》に祟《たた》られた頼朝

幸田露伴《こうだろはん》は『努力論』のなかで、「幸福を呼び寄せる道は三つある」と言い、運がめぐってきたときにとるべき態度として、「惜福《せきふく》」「分福《ぶんぷく》」「植福《しょくふく》」の三つの考え方を示している。

「惜福」とは、いいことがあったときにその福を使い尽くさず、一部を惜しんであとのために残しておくこと。「分福」は、いいことがあったら自分だけで独り占めしないで周りの人に分け与えよ、ということ。「植福」とは、自分に運が回ってくるとは限らないけれど、とにかく日頃から善行を積んでおこうということである。たとえば木を植えたとして、自分が生きている間はその木は自分のためにならなくとも、孫の代には木材として売れるかもしれないし、おいしい木の実をつけるかもしれない。福はなくならないという考え方が「植福」である。

露伴は「惜福」の例として徳川家康を挙げているが、頼朝にもその傾向が強かったのではないかと思われる。非常に慎重で、いいことがあっても舞い上がって運を無駄遣いしたりすることはなかった。頼朝に比べると、義経は自分の幸運を使い尽くした感じがなきにしもあらずである。頼朝は戦いに勝っても深追いせず、逆に引いたり抑えたりするケースがあった。

そして「分福」のいい例は豊臣秀吉で、秀吉は周りの者たちに分け与えることを怠《おこた》らなかったから早く天下が取れた、と露伴は言う。源平時代で言えば、大いに福を分けたのは平清盛である。平家一門に分け隔《へだ》てなく富と地位を分け与え、滅びるときも一門揃って美しく滅びていった。

こうしてみると、福を分けた清盛と秀吉は急速に成功し、福を惜しんだ家康の徳川一門は長続きしたと言える。頼朝の場合も、彼が開いた鎌倉幕府は北条氏が受け継いで百五十年続いた。だが、頼朝は福を惜しみすぎて自分の兄弟・従兄弟《いとこ》をすべて滅ぼしてしまったものだから、源氏はあっという間に絶えてしまったのである。

平家の滅亡は『平家物語』が示すように、華やかで哀惜《あいせき》の念を起こさせるものだったのに、源氏の滅び方には絵巻物的な美しさがまったくない。陰惨《いんさん》な権力闘争と粛清《しゅくせい》があるのみである。「建武《けんむ》の中興《ちゅうこう》」まで鎌倉幕府の将軍は九代続くのだが、一般には三代の実朝で終わったような印象がある。まことに将軍の影が薄いのである。私はここに、清盛と頼朝の性格の差を見るような気がするのだ。

ちなみに、崇徳《すとく》天皇の「怨霊《おんりょう》」について先述したが、頼朝も怨霊に祟《たた》られたと言われている。建久九年（一一九八）、相模川で催された橋供養《くよう》からの帰り、自分が殺した人々——以仁王の令旨を知らせてくれた叔父《おじ》の十郎行家《じゅうろうゆきいえ》、義経、範頼らの亡霊が現れ、そのために馬から落ちて、それがもとで翌年、亡くなったという。当時の人々の心理というのは現代のわれわれとはかなり異なっているから、それは大いにありそうなことである。いわんや頼朝は病的なほど神仏を信じていたから、必ずしも根拠のない話ではない。

源氏の滅亡には美学がない

平家が源氏に敗れた理由はいろいろ考えられるが、源氏が男だけの軍隊という性格が強かったのに対し、平家のほうは女子供も一緒の集団という面があったのも大きい。だから、平家が都落ちしたあとは、極言すれば、護衛隊のついた避難民を武装集団が襲うようなものであった。

さらに清盛の死後、平家の総帥《そうすい》となった三男・宗盛に知恵がなかった。都を落ちるときに幼い安徳天皇を奉じ、三種の神器を持っていったのはいいとして、後白河法皇を一緒に連れて行くのを忘れていた。法皇は官軍の印（のちに言う「錦《にしき》の御旗《みはた》」）を与えることのできる存在である。だから法皇も一緒であれば、九州の武士たちもみんな文句なく平家の味方についたであろう。ところが、京都に残った後白河法皇は源氏に平家追討の院宣を出したものだから、平家のほうが朝敵《ちょうてき》になってしまった。このことが頼朝の成功のもとになった。

ずっと時代が下った幕末の薩摩《さつま》藩や長州《ちょうしゅう》藩もそうだが、自分たちを官軍として相手を朝敵の立場におくのが日本の支配者のやり方なのである。足利尊氏《あしかがたかうじ》も北朝《ほくちょう》の天皇を担《かつ》いだから、南朝《なんちょう》に対しても正統性を主張できた。

平家が安徳天皇を抱えているのに対し、源氏は後白河法皇を奉じて大義名分を得たのである。もし平家が後白河法皇まで抱え込んでいたら、いくら頼朝でも追討することは不可能だった。このことは、日本の歴史を理解するうえで非常に重要だと思う。

かくして頼朝によって武家政治が確立するわけだが、鎌倉幕府の源氏政権はすぐに北条政権に移ってしまう。

二代将軍の座には頼朝の嫡男の頼家がついたが、妻の実家の比企《ひき》家と、母・政子の実家である北条家との争いに巻き込まれ、追放されて伊豆の修善寺で北条氏に殺されてし

源氏の系譜と抗争

（　）内は殺害者で源氏の者。〔　〕は源氏以外の殺害者。点線の矢印は養子に行ったことを示す。

為義は父義親謀反のため義忠の養子になり、義忠の死により、祖父義家の跡を継いで源氏の嫡流となる。

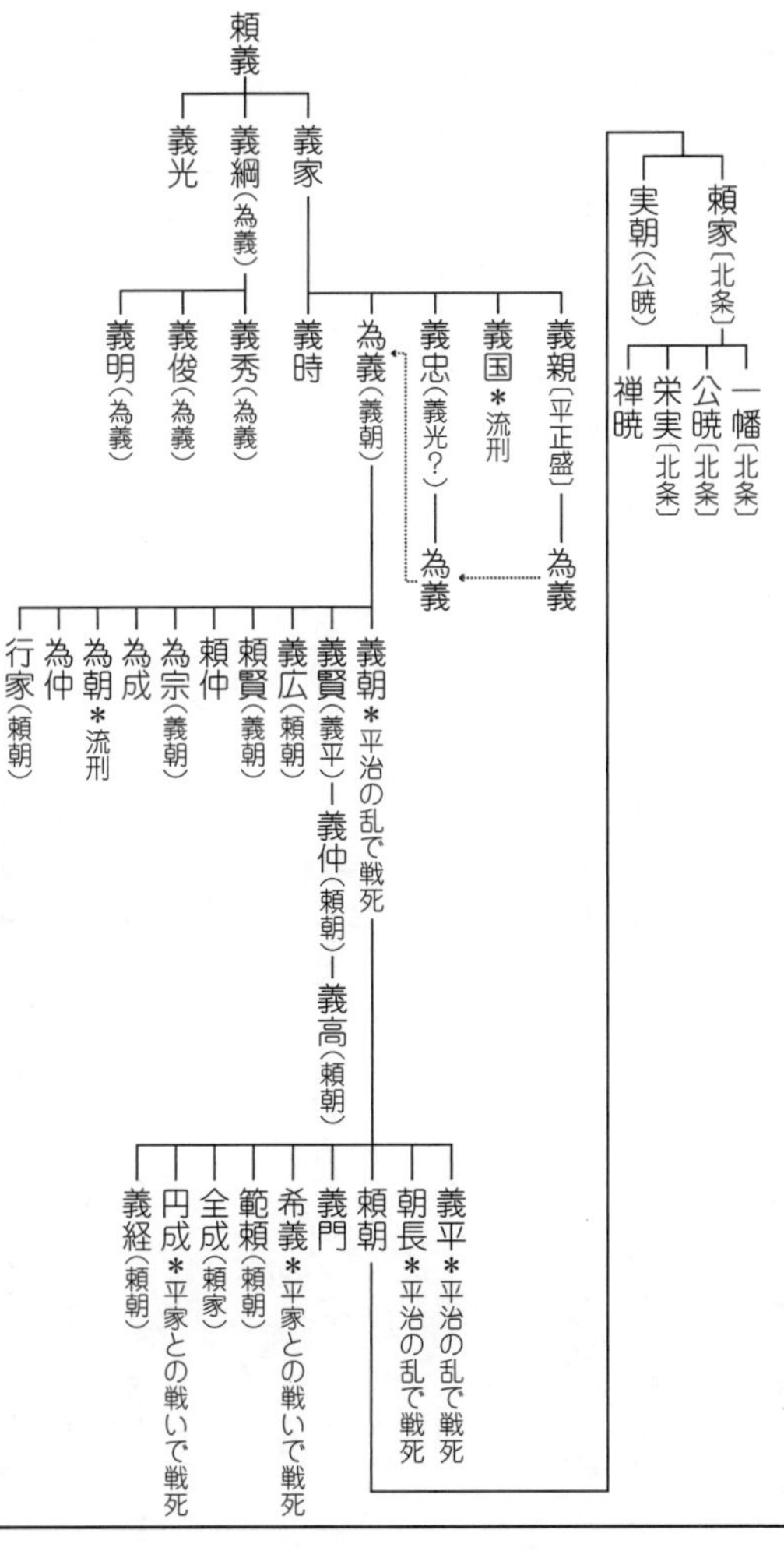

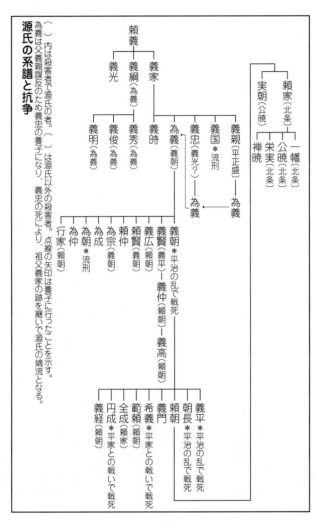

まう。このとき、頼家二十三歳。将軍としての器量がなかったのであろう。

そのあとを継いで第三代将軍となった弟の実朝は歌人としても有名だが、彼も武家としては物足りなかったようだ。実朝は和歌では天才的で、勅撰和歌集にも九十二首選ばれており、藤原定家に教えを受け、若い頃の歌は家集《かしゅう》（個人歌集）『金槐和歌集《きんかいわかしゅう》』で知られ、万葉調《まんようちょう》の歌として、昭和になってからとくに高く評価されるようになった。有名なもの二首をあげておく。

箱根路を　わが越えくれば　伊豆の海や　沖の小島に波の寄る見ゆ

山は避け　海は浅せなむ世なりとも　君に二心《ふたごころ》　わがあらめやも

この歌人将軍・実朝は頼家の二男、つまり甥である公暁《くぎょう》によって、鎌倉の鶴岡八幡宮《つるがおかはちまんぐう》で殺された。実朝二十八歳であった。実朝が謀《はか》って父・頼家を殺害した、と公暁が信じたためだと言われるが、その公暁も二日後には誅殺《ちゅうさつ》された。

頼家には公暁のほかに一幡《いちまん》、栄実《えいじつ》、禅暁《ぜんぎょう》という三人の男子がいたが、非業《ひごう》の最期を遂げている。実朝には子がなく、頼家の子はみな若いうちに殺されて子供がないから、鎌倉幕府創設者の頼朝の男系は簡単に絶えてしまった。そして傍系《ぼうけい》にも将軍職を継ぐべき者がいなかった。これで源氏は終わった。

平家は戦場で滅びたが、源氏は骨肉の争いと肉親の暗殺で滅びたのである。

第3章

北条一族の盛衰

特異なフィギュアヘッド現象

日本では戦国時代を語るときに「下剋上《げこくじょう》」という言葉が盛んに使われるが、私は下剋上というよりは、日本ではフィギュアヘッド（figurehead）の傾向が非常に強いのではないかと思う。

フィギュアヘッドというのは元来、船首に付ける飾りの彫刻像である。それで、政治的には単なる飾りにすぎない高位の職を指すのである。舳先《へさき》に付いているから一見、偉そうだけれども、実権は何もない。

フィギュアヘッドは外国にもあるが日本、とくに「建武《けんむ》の中興《ちゅうこう》」以前の北条《ほうじょう》時代ほど極端な例はないであろう。誰もが思い当たるのが、宮廷がフィギュアヘッドで幕府が実力者という構図だが、それだけでなく、幕府内でも将軍がフィギュアヘッドになってしまうという特異な現象もあった。

鎌倉幕府の場合、初代将軍が源頼朝《みなもとのよりとも》で、頼朝の息子二人、頼家《よりいえ》・実朝《さねとも》が二代・三代将軍になった。しかし、頼家の時代から実際上は頼朝の妻・北条政子《まさこ》、およびその背後にいる北条家が実権を握り始めた。実朝のときには頼朝すでに亡く、実権は北条家に移り、北条幕府と呼ぶべきものに変わっていた。

三代・実朝の死後は源氏の血統が絶えるが、北条氏にしてみると、とくに源氏にこだわることはないが形のうえでの将軍は必要だからと、四代目からは公家《くげ》から五歳とか六歳とかの幼い子供を連れてきて将軍職に就けるようになる（85ページの図を参照）。北条氏は執権《しっけん》として実権を握り、政治を行う。そうして、その幼児に近い将軍が成人するとすぐに放り出し、また幼児を公家から連れてきて次の将軍に据《す》える。しまいには親王まで将軍につけているのである。凄まじいやり方である。

この頃の序列というものを考えるうえでわかりやすい例は、弘安《こうあん》四年（一二八一）の元寇《げんこう》、つまり「弘安の役《えき》」が起こった執権・北条時宗《ときむね》の時代の政治機構であろう。

まず、名目上のトップは第八十九代天皇だった後深草《ごふかくさ》上皇である。だが、宮中での権力はもう一人の上皇、第九十代天皇だった亀山《かめやま》上皇が握って院政《いんせい》を敷き、後深草上皇には何の力もなかった。亀山上皇の子、第九十一代・後宇多《ごうだ》天皇は十五歳で、やはり権力はない。東宮《とうぐう》（皇太子）は後深草上皇の子で、のちに第九十二代・伏見《ふしみ》天皇となる熙仁《ひろひと》親王。この方もまだ十七歳である。

その上皇、上皇、天皇、東宮の下に皇族の大臣がいる。摂政関白《せっしょうかんぱく》の鷹司兼平《たかつかさかねひら》、左大臣・二条師忠、右大臣・九条忠教、内大臣・近衛家基。さらにその下に関東申次《かんとうもうしつぎ》という役があって、これが西園寺実兼《さいおんじさねかね》。この関東申次が朝廷と鎌倉将軍との間に立っている。当時の将軍は第七代・惟康《これやす》親王で、さらにその下に執権としてすべての政治権力を握る相模守《さがみのかみ》北条時宗がいるのである。

当時の時宗の官位は従五位《じゅごい》。宮中で言えばうんと下位であり、名目上は関東の県知事程度の地方官にすぎない時宗が内政から外交まですべてを行い、軍を動員し、税を取り立て、裁判を行っていたわけである。これほど極端な例は、世界にも珍しいのではあるまいか。

位の低いキングメーカー

日本では、実権を握っている人物が必ずしも一番上にいるわけではない、という伝統がある。北条氏の前には藤原氏がいた。一番上にいるのはもちろん天皇だが、藤原氏は娘を皇后にして天皇の外祖父《がいそふ》になるという方法で何百年もの間、実権を握ってきた。これは、生物学的な血縁関係によって天皇をフィギュアヘッドにするという形だった。

西洋の言葉で言うと、もし天皇を「キング」と呼ぶとすれば、藤原氏も北条氏も「キングメーカー」だが、藤原氏のやりかたは婚姻政策一本のキングメーカーだった。それに対して北条氏は、まったく政治的な手法によるキングメーカーである。

イギリスの例をあげると、十五世紀の薔薇《ばら》戦争（注1）のときに、紅薔薇《べにばら》のヘンリー六世を即位させ、次には白薔薇《しろばら》のエドワード四世を王位に就けたウォーリック伯爵が、英国史ではキングメーカーとして有名である。しかし、ウォーリック伯爵が王位に就けたのはたった二人にすぎず、しかも間もなく自分が王にしてやったエドワード四世に征伐されている。

それに対して、北条氏のキングメーカーとしての役割は、頼朝を援助したときから数えると、実に百五十年以上にもなる。一世紀半にもわたってキングメーカーであり続け、

鎌倉幕府の歴代将軍 ○数字は将軍代数、（　）内は将軍就任時の年齢

- ①源頼朝
  - ②頼家
  - ③実朝
- ④藤原頼経（9歳）27歳で解任 ― 九条道家（頼朝の妹婿）
- ⑤藤原頼嗣（6歳）14歳で追われる
- ⑥宗尊親王（11歳）最初の親王将軍 後嵯峨天皇の第一皇子 25歳で追われる ― 後嵯峨天皇
- ⑦惟康親王（5歳）26歳で「京都に流される」（増鏡）
- ⑧久明親王（14歳）33歳で解任 ― 後深草天皇
- ⑨守邦親王（8歳）25年後、鎌倉幕府滅亡

にもかかわらず、名目上の地位は一番下である。しかも、このキングメーカーたるやきわめて重層的で、かつ有能でもあった。元《げん》の大軍が押し寄せて来たとき、見事に武力で国を守った北条時宗はキングメーカーの頭《かしら》だったのである。

歴史的に見ても、まず天皇親政の時代があり、次に公家が実権を持ち、さらにその公家に仕《つか》えた武士が将軍になって実権を奪い、またさらに将軍を公家の子供にして名目だけのものとし、執権が本当の力を持つ——というように、権力者の名目上の地位がどんどん下がっていくという面白い社会構造になっている。

こんな例がほかの国にあるかどうか知らないが、少なくともヨーロッパにはない。ある意味、いまの立憲政治に近いとも言える。立憲政治は厳密に言えば、国家元首の下にいる人間が元首の意思とは無関係に政治を行っているわけだから。

日本は二千年近く前から、ずっとキングメーカーによる政治を行っていたと言ってもよい。日本の場合は、フィギュアヘッドに歴《れつき》とした系統がある。つまり皇室であるが、これはその淵源《えんげん》を神話時代に持つフィギュアヘッドである。その存在は、政権に不満な人間が利用するには都合がよかった。

革命には「正義」の旗印が必要だが、「フィギュアヘッドに政権を戻せ」という主張は

「正統論」として、つまり「正義」として作用する。北条氏の政権に不満を抱くようになった武士たちは、フィギュアヘッド（天皇）の呼びかけに応じて執権政治を倒すことになる。つまり、キングメーカーのシステムを破るべく、後述する「建武の中興」を行ったのであった。

幕末の志士たちのスローガンも、「徳川の世をフィギュアヘッドの世にしよう」という意味であった。別の言葉で言えば、「尊皇《そんのう》」であり「王政復古《おうせいふっこ》」である。幕府を倒して天皇親政を行おうというイデオロギーによる明治維新は、結局、立憲政治の形をとった。これも近代的なフィギュアヘッドである。

（注1）**薔薇戦争**　一四五五年から一四八五年にかけて、イングランドで起こった王位争奪をめぐる内乱。ランカスター家とヨーク家に封建《ほうけん》貴族が二分して争った。ランカスター家が紅薔薇、ヨーク家が白薔薇を紋章としていたので、この名がある。結局、ランカスター派が勝ってヘンリー七世がチューダー朝を成立させたが、長期にわたる戦いで貴族の勢力は衰え、王権が強化されて絶対主義への道を開いた。

二重法制国家の誕生

源頼朝は必要とあれば断固として改革を行う決断力と実行力を持っていたが、宮廷に対しては恭順《きようじゆん》な態度をとり、努めて衝突を避けた。義経追討《よしつねついとう》の名目で文治《ぶんじ》元年（一一八五）に守護《しゆご》・地頭《じとう》を設置したのは、前述のように実質的な日本支配でありながら、古代の律令《りつりよう》をそのままにして公家を立てているのである。そして問題が起こるたびに、頼朝自身が従来の不文律《ふぶんりつ》の慣習によって判断していった。これは完全なる慣習法の手続きである。

この頼朝の実質主義、慣例主義をもとに成文化したのが、第三代執権・北条泰時《やすとき》の「貞永式目《じようえいしきもく》」（御成敗式目《ごせいばいしきもく》）である。聖徳太子《しようとくたいし》の十七条憲法の項目数を三倍にしたという五十一カ条の簡単なものだが、「神を尊《とうと》び、仏を尊べ」と、当時の武士たちが納得できる理《ことわり》を主としていたから、武士たちに対して非常に効き目があった。とくに、頼朝が尊敬された理由の一つに裁判が公平だということがあったから、訴訟について慣習だけによらず、その目安となるものを与えたのである。

その方針は頼朝以来の「慣習」と、武家の目から見た「道理」を一つにしたものであった。泰時は、「京都には律令があるが、それは漢字のようなものである。それに対して、この式目は仮名《かな》のようなものである。したがって、これができたからといって律令が改まるわけではまったくない」と言明している。のちになると五十一カ条では足りなくなって条項が追加されるが、この式目は武家の規則の根本として、多少の変更を加えながら明治維新まで続いた。

しかし律令と食い違うところも当然出てくるわけだから、このとき以来、日本は明らかに二重法制の国になった。八世紀初頭に定められた大宝律令《たいほうりつりょう》をはじめ、大陸の影響を受けた宮廷の律令制度はそのまま存在しているので、太政大臣《だじょうだいじん》など昔ながらの官位や名目は残る。実に明治十八年（一八八五）まで残るだけは残ったのだ。ところが、武家を実際に支配するのは新しい武家法だ。つまり、二重の法律ができたことになるのである。

面白いのは、律令は元来、シナの模倣《もほう》から生じた、言ってみれば借り物にすぎないから あまり効き目はなく、宮廷からの命令があっても単なる〝触《ふ》れ流《なが》し〟ということが多かった。

一方、武家法はみんなの納得ずくで決めたものだから、内容は簡単だけれども、生活に密着していたので効き目はあった。ある意味では明治憲法も借り着であって、それはそれで国家組織の近代化のために必要なものだったのだが、明治天皇もこれでは足りないと思われたのだろう、教育勅語《きょういくちょくご》を出されることになった。

私たちの世代は、憲法の内容など何も教えられなかった。それよりも教育勅語のほうがずっと重要で、小学校四年生以上はみんな暗記することになっていた。憲法は建前《たてまえ》で、生活のうえでは教育勅語のほうがずっと現実的だった。戦後は教育勅語が廃止されたため、今日のような不安定な国になったと言ってもいい。

律令と武家の式目が相違した場合はどうなるかと言えば、もちろん武家式目のほうが優先されるので、実際の生活上では一般の日本人は律令を意識しないで済んだ。

しかし、いったん建前のことになると律令がものを言う場合が出てくる。どちらかに割り切らないで両方を立てておくというのは、神道と仏教以来の日本的アイデンティティだが、律令と式目も同じことである。

明治維新は実質的な革命でありながら、眠っていた律令を復活させ、太政官《だじょうかん》などという名称を復活させた点では断絶がなく、それが国民を一挙に団結させて近代国家にした重要な原因の一つであったと思う。今日でも「大臣」などという八世紀初頭の律令の名称が用いられているかと思えば、共産党がプロレタリアの「執権」などという武家式目のような名称を持ち出すのも面白い。

有能な執権を輩出した北条氏

この時代の執権政治を行った北条氏は、日本の歴史上初めて民政を意識して、民の暮らしをよくすべきだという発想を持っていた政権でもある。これはおそらく、頼朝の側近・大江広元《おおえのひろもと》が『貞観政要《じょうがんせいよう》』を知っていたからではなかろうか。

この『貞観政要』は、統治者はいかにあるべきか、自らをいかに律していくかを教えた書物で、唐《とう》の第二代皇帝・太宗《たいそう》と側近の魏徴《ぎちょう》らとの議論をまとめたものだ。いわばトップの心がけを問うた本だから、為政者《いせいしゃ》以外には不要な教訓が多いが、日本には平安時代に伝えられ、清和《せいわ》天皇のときに貞観《じょうがん》という年号（八五九〜八七七）もできたほど宮廷では重んじられた。だから日本の宮廷は、けっして苛斂誅求《かれんちゅうきゅう》（情け容赦なく税を取り立てること）はしなかった。

それが大江広元を通じて北条氏に伝わったのだろう。そのため北条の、とくに初期の執権たちにはさまざまな美談を残した立派な人物が多く、それまでの統治者とは異なり、倹約を心がけ、民の生活を重んじた。北条政子も『貞観政要』を侍読《じどく》（天皇に学問を教授する役）の菅原為長《すがわらのためなが》に和文に訳させて読んでいる。

北条経時《つねとき》（四代執権）・時頼《ときより》（五代執権）の母親である松下禅尼《まつしたぜんに》の「障子張り《しょうじは》」のエピソードは、戦前の子供なら教科書や読み物で誰でも知っていた。吉田兼好《よしだけんこう》の『徒然草《つれづれぐさ》』百八十四段にも出ている有名な話である。

息子の時頼が訪ねてくるというので、禅尼は自ら障子の張り替えをした。ところが、煤《すす》けた障子の破れたところだけを小刀で切り抜いて張り替えている。障子は全部張り替えればきれいだが、桟《さん》の格子《こうし》の破れた部分だけを切り張りするとそこだけ紙が新しく、他は煤けているから斑《まだら》になって見映《みば》えが悪い。兄の安達義景《あだちよしかげ》がその様子を見て、「全部貼り変えれば簡単だし、見た目もいいではありませんか」と言うと、「これは倹約というものを息子に教えるためです。人の上に立つ者は、質素を旨《むね》としなければいけないのですから」と答えたという。

さすがの兼好法師も、「天下を治める道は倹約を基本とする。松下禅尼は女性ではあるが、心がけという点では聖人に通じるものがある」とすっかり感服している。

だが、これは単に倹約を教えるだけの話ではない、と頼山陽《らいさんよう》は『日本楽府《にほんがふ》』第三十四でこの話を取り上げ、松下禅尼の意図を次のようなものであったとする。

窓勿新糊破輙補
老婦剪紙親辛苦
我窓有格自父祖
及時綢繆誰敢侮
……　……
……　……

窓ハ新《アラタ》ニ糊《ノリ》スル勿《ナカ》レ　破《ヤブ》ルレバ輙《スナハ》チ補《オギナ》ハン
老婦《ロウフ》紙《カミ》ヲ剪《キ》リテ親《ミツカ》ラ辛苦《シンク》ス
我《ワ》ガ窓《マド》ニ格《カク》アリ父祖《フソ》ヨリス
時《トキ》ニ及《オヨ》ンデ綢繆《チウビウ》セバ誰《タレ》カ敢《アヘ》テ侮《アナド》ラント
……　……
……　……

「障子には格子があります（だから格子のなかの破れたところだけを修繕すれば十分だ）。その格子のように北条家にも家法（式目）があり、それは父祖の代から伝わっています。その時その時、小破《しょうは》したものは部分的に修繕せよ、というのはわが家の格《かく》（式目）であり、それをしっかり守っていれば、北条家を侮《あなど》る者はないでしょう」

障子の格子の「格」と、法令を意味する「格」を縁語として使い、その格子のなかの破損、つまり「小破」はその時その時に繕《つくろ》え、と教えている。つまり時頼に対して、「御成敗式目」をよく守り、大事にならぬよう、その時その時の小破のうちに解決しなさい、と暗に言っているのだという。たしかに、そう解釈したほうが筋が通るように思える。その北条時頼は名君として知られ、「鉢《はち》の木《き》」という謡曲《ようきょく》にあるように、諸国を回って民情視察を行ったという伝説を残している（注1）。「貞永式目」を制定した第三代執権・北条泰時も、『沙石集《しゃせきしゅう》』（注2）に「民の嘆《なげ》きを自分の嘆きとする万人の父母のような賢人である」と記されたほどの人物であった。北条氏が滅びたあと、南北朝時代に足利尊氏と戦った北畠親房《きたばたけちかふさ》は著書『神皇正統記《じんのうしょうとうき》』のなかで、「頼朝、泰時、時頼のような人物がいなかったら世の中はどのようになっていただろうか」と言っている。あの公家の権化《ごんげ》のような人が、鎌倉の武家政治の立派であったことを称賛し、それ以外の時代の政治を間接的に批判しているのである。北条氏は、それほどすぐれた為政者を輩出した。

（注1）**謡曲「鉢の木」**　北条時頼の廻国《かいこく》伝説に材をとった能の一曲。ある雪の夜、佐野（現群馬県高崎市）に住む貧しい老武士、佐野源左衛門常世《さのげんざえもんつねよ》のあばら家に、旅の僧が一夜の宿を求めて訪れる。源左衛門は薪《たきぎ》がないから、と大事にしていた鉢植えの木を折って火を焚《た》き、僧をもてなした。源左衛門は僧に問われるまま重い口を開き、「一族に領地を奪われていまは落ちぶれてはいるが、いったん鎌倉に大事があれば、（〃いざ鎌倉〃というときは）痩《や》せ馬

に乗ってでも第一番に駆けつけ、命がけで戦うつもりである」と語る。その後、鎌倉から動員命令が下り、すぐさま駆けつけた源左衛門は、雪の夜の托鉢僧《たくはつそう》が、民情視察のために諸国を回っていた前執権の時頼だったことを知る。時頼は源左衛門に礼を述べ、恩賞として領地を与えた。

（注2）『**沙石集**』　鎌倉中期の仏教説話集。無住一円《むじゅういちえん》（道暁《どうぎょう》）の編纂《へんさん》により弘安六年（一二八三）に成立。霊験談《れいげんだん》・高僧伝のほか、無住の見聞による諸国の事情や庶民生活、また滑稽《こっけい》譚《たん》・笑い話までを収め、仏教のエッセンスを通俗的かつ軽妙に説いた。

「尼将軍《あましょうぐん》」による新しい女性像

頼朝の妻であった政子の存在も、北条氏にとっては重要であった。そもそも政子の父・時政《ときまさ》が頼朝の後ろ盾《うしろだて》となって挙兵を助けたわけだが、時政自身、初代執権となり、また政子の弟の義時《よしとき》も有能で、政子とも気が合い、第二代執権として北条氏の基礎を固めた。これで武家政治が確立するわけだが、政子自身も摂関家《せっかんけ》から迎えた第四代将軍、幼い藤原頼経《よりつね》を後見《こうけん》して「尼将軍《あましょうぐん》」と呼ばれたほどの才女であった。

執権・義時の承久《じょうきゅう》三年（一二二一）、皇室の復権をめざす後鳥羽《ごとば》上皇が幕府に対して挙兵し、義時追討の院宣《いんぜん》を諸国に下した。いわゆる「承久の乱」である。

このとき、政子は動揺する御家人《ごけにん》たちに対し、側近の安達景盛《あだちかげもり》を通じてこう演説をした。

「故頼朝公の恩を何と思うか。天下を平定し、泰平の御代《みよ》をひらいた頼朝公の功績はたとえようもなく大きい。いま逆臣の讒言《ざんげん》によって汚名を蒙《こうむ》っているが、その功を思う者は鎌倉に留まり、院に参じたい者は直ちに京に去るがよかろう」

いわば御家人たちに活《かつ》を入れたわけだが、意外なことに公家の大江広元も「直ちに出撃しましょう」と主張し、政子の裁断で出兵と決まり、御家人に動員令が下された。

義時の嫡男《ちゃくなん》・泰時が幕府軍の総大将として京に向かったが、途中でふと気がついて、「万が一、後鳥羽上皇が敵の大将になって出てきたらどうしましょうか」と問い合わせたら、政子は「そのときはしようがない、旗を巻け（降参しろ）」と答えたという。政子は腹の据わった勇ましい女性だったのだろう。

ちなみに、承久の乱で幕府側についたのは遠江《とおとうみ》・信濃《しなの》より東の十五カ国であり、一方、後鳥羽院についたのは尾張《おわり》・美濃《みの》を含む京都に近い十八カ国であった。御家人のくせに後鳥羽院についた者は、地理的なことのほかに、後鳥羽院の持つ荘園や国衙領《こくがりょう》（公領）

の役職を持っていたからであろう。彼らはのちに厳罰に処され、その領地は承久の乱のあとに取り上げられた。このことは、のちの後醍醐《ごだいご》天皇に味方した者たちと関連してくる。

ところで、私が注目したいのは、この時代に政子によって日本の女性像が変わったということである。

『源氏物語』の「帚木《ははきぎ》の巻」に「雨夜《あまよ》の品定め」という話がある。ある雨の夜に、光源氏《ひかるげんじ》や頭中将《とうのちゆうじよう》たちが集まって女性の品評をするのだが、これは男たちの口を借りて、作者の紫式部《むらさきしきぶ》が自分の女性観を述べているのである。そして、理想的な女性というのは「ただひとへに、物まめやかに、静かなる心の趣《おもむき》」の人だという。つまり、心がねじれておらず、自然でひたすら実があり、心の穏やかな人がいいということらしい。

さて、この下りでは実例をあげながらいろいろなタイプの女性を批評するのだが、後世から見ると重要な女性の徳と思われる「貞操《ていそう》」がまったく問題とされていないことは面白いと思う。

平安時代は、紫式部だけでなく清少納言《せいしようなごん》や和泉式部《いずみしきぶ》の作品を見てもわかるように、宮廷では男女関係が華やかで、かつ現代よりもさらに自由だったように思われる。ずいぶん淫《みだ》らなこともあったらしく、姦通《かんつう》に近いこともよく行われていたようだ。しかし、それを気にしている様子がないことは、当時の恋歌や物語を見ればわかる。

武家においても同様で、源氏の例でも、源範頼《のりより》の母は池田宿の遊女、木曾義仲《きそよしなか》の母は江口の遊女、悪源太義平《あくげんたよしひら》の母も遊女。義経の母である常盤御前《ときわごぜん》は、短い間に三度も夫を換えている。

ところが、鎌倉幕府ができる頃になると、急に男女間の道徳が引き締まり、武家社会の女性はおそろしく貞操が堅くなった。つまり、性道徳が非常に緩やかだった社会が、一転して性に厳格な社会になるのである。この価値観の転換を行い、新たな女性のモラルをつくったのは政子だと思う。

政子は男女関係にはことのほか潔癖で、頼朝の女性関係にもうるさかった。自分についても厳格で、不倫の噂一つなかった。そして常に「女の道」というものを意識した女性だった。

政子と静御前の「女の道」

たとえば、こんなことがあった。木曾義仲と頼朝の対立が表面化したときに、頼朝は義仲の嫡子《ちゃくし》・義高《よしたか》（十一歳）を人質として鎌倉に引き取り、自分の娘の大姫《おおひめ》（六歳）の婿《むこ》にした。やがて頼朝と義仲の戦いが始まり、義仲は近江《おうみ》の粟津《あわづ》で討たれた。当然、義高も殺されることになる。これを知った大姫は父に背《そむ》いて、夫を逃がす。このとき、政子は逃がすのを手伝っている。だが、頼朝は追手《おって》を差し向けて義高を殺してしまった。このとき、政子は娘の側に立って頼朝を非難した。大姫は嘆き悲しんで、いくら頼朝が別の男の嫁にやろうとしてもこれを拒《こば》み続け、心の病を得てやがて早世《そうせい》した。平安朝であれば、こんなことは考えられなかったであろう。大姫は最後まで夫を殺した父を恨み、頼朝を苦しめた。

頼朝の娘が、のちの武士の奥方の原型となるような行為を示したのは、やはり母・政子の影響であったろう。平安期とは別種の女性が登場したわけである。

義経の愛妾《あいしょう》・静御前《しずかごぜん》に対して、政子がとった態度も注目すべきである。静御前はもと白拍子《しらびょうし》（芸者）といわれるが、貞女《ていじょ》であったと言っていい。義経が京を落ちるときに同行したものの、女連れではすぐ捕まるから、と吉野山で別れることになり、義経は金を与えて従者をつけてやったが、従者が金を取って逃げ、彼女は捕えられて母親の磯禅師《いそのぜんじ》とともに鎌倉に送られる。

静御前は当時、日本一の踊り手と言われていた。頼朝がその舞をぜひ見たいと言うので、断り切れずに鶴岡八幡宮《つるがおかはちまんぐう》で舞を舞った。そのときに、

しづやしづ　しづのをだまき　くり返し　昔を今に　なすよしもがな

吉野山　峰の白雪　ふみわけて　入りにし人の　跡ぞ恋しき

と、兄の頼朝に追われていまは奥州《おうしゅう》にいる義経を恋《こ》うる唄を謡《うた》った。場は愴然《そうぜん》とし、屋島《やしま》、一《いち》ノ谷《たに》、壇《だん》ノ浦《うら》で義経とともに戦った並み居る武将たちは、なんともいえない悲壮な気分に襲われた。

頼朝が「このめでたい席に何たることか」と激怒すると、政子はこう言ってとりなした。

「私とて山木《やまき》判官に嫁にやられたとき、雨のなかを逃げてあなたのもとへ来ました。静の立場であれば、私もあのように謡うでしょう。夫を恋うる気持ちこそ、〝女の道〟というものです」

頼朝は「なるほど、女の道とはそうあるべきものか」と感心して、静御前に褒美《ほうび》を与えたという。これは鎌倉時代の第一級史料である『吾妻鏡《あづまかがみ》』に詳しく出ている話であって、「女の道」という倫理が強く武家社会に意識されるようになった画期的な事件である。

やがて、すでに妊娠していた静御前は義経の子供を産むが、男の子だったので殺されることになった。憐《あわ》れんだ政子は、静御前と磯禅師に金を持たせ、京都で安楽に暮らせるように手配したと言われている。

静御前の例だけでなく、政子は「女の道」というものをいろいろな場合に範例《はんれい》として示している。そうして夫に対して貞節《ていせつ》を尽くし、夫と家を大切にする点において、その伝統はつい最近までの日本の婦人の生き方を決定してきたのである。山本周五郎《やまもとしゅうごろう》の『日本婦道記』は、その典型的な例の記録（小説ではあるが）であると言えよう。

それに政子には、文字どおり朝廷を敬して遠ざけたようなところがある。政子が京都へ行ったとき、後白河《ごしらかわ》法皇が名誉な機会を与えてやろうとして、面会を許すと伝えてきた。しかし政子は、「私は田舎の老婆で宮中の礼儀も知りませんし、失礼があるといけませんからご辞退申し上げます」と言って参内《さんだい》しなかった。

政子の目から見れば、宮廷の女官などはふしだらな女どもにすぎない。そんな者たちに宮中の作法のことでとやかく言われるのはいやだ、ということではなかったかと思われる。政子が頼朝や武士たちに対して権威を保ち、「尼将軍」と呼ばれるほどになったのは、自分の貞節と内助の功に絶対の自信があったからである。紫式部や清少納言は才女ではあっても、こういう権威を男に対して持ちえなかったであろう。

三度目の「国体変化」

「承久の乱」は第三回目の国体の変化だと私は思う。

「日本の国体は変化すれども断絶せず」というのが、日本史を考えるうえでのキーポイントである。このことを明らかに認識すれば、日本の歴史がほかの国の歴史とどこが違うかもよくわかるし、日本人の国民性も理解しやすくなる。

第一回目の国体変化は、第三十一代・用明《ようめい》天皇(在位五八五~五八七)の仏教改宗である。それまでの天皇は日本の神を祀《まつ》る代表者であったが、仏教という新しい宗教をも受け入れることになった。しかも、従来の神道も捨てないという特殊な形をとったのであるが、国家の建前《たてまえ》に重大な変化を生じたことはたしかである。

第二回目は、源頼朝が鎌倉幕府を開いたことによって起こった。宮廷と関係なく天下を武力で征服し、守護・地頭を置いたのであるから、政治の原理の根本的変化である。これによって土地所有者の任命権が幕府に移り、宮廷には実質上の支配権がなくなった。しかし、建前としては古代律令は廃止されず、天皇も残った。つまり、国体は断絶しないが変化した。これが国体の第二次変化である

「承久の乱」では、第三回目のさらに大きな変化が起こった。これは執権・北条泰時の時代のことで、乱が制圧されたあと、幕府は討幕の兵を挙げた後鳥羽上皇をはじめ、三人の上皇を島流しにした。後鳥羽上皇は隠岐《おき》、順徳《じゅんとく》上皇は佐渡《さど》、そして討幕計画に反対していた土御門《つちみかど》上皇は、後鳥羽・順徳の二上皇に同情して自ら望んで四国の土佐《とさ》に（のち阿波《あわ》に移る）、それぞれ配流《はいる》された。順徳上皇の子で四歳だった仲恭《ちゅうきょう》天皇は、在位僅か七十日間で幕府によって廃され、代わりに第八十代・高倉《たかくら》天皇と七条院《しちじょういん》藤原殖子《たねこ》の子で、平家に育てられていたがのちに出家した守貞《もりさだ》親王の第三皇子を第八十六代・後堀河《ごほりかわ》天皇とした。

これ以降、皇位継承を幕府が管理することになった。後鳥羽天皇の直系ではない守貞親王の系統から第八十六代・後堀河、第八十七代・四条《しじょう》と二人の皇位継承者を出し、四

条天皇が十二歳で急逝《きゅうせい》した際には、摂政《せっしょう》の九条道家《くじょうみちいえ》が順徳上皇の皇子・岩倉宮忠成王《いわくらのみやただなりおう》（仲恭天皇の異母弟）を次の天皇に推薦したが、北条泰時は承久の乱の協力者である順徳上皇の血筋だからとこれを許さず、討幕に反対した土御門上皇の皇子を選んだ（第八十八代・後嵯峨《ごさが》天皇）。

つまり、宮廷の位のうんと低い武家の頭領《とうりょう》が皇位継承を決めていることになる。これは、太政大臣など位の高い公家が選ぶというそれまでのしきたりが覆《くつがえ》されたわけで、宮廷を「官」とすれば鎌倉は「民」であるから、ある意味では主権在民のようなものだ。これも大きな国体の変化である。

ついでながら言っておけば、第四回目の国体変化は明治憲法発布、第五回目は敗戦による占領憲法の制定である。憲法というのは、英語でいえば「コンスティトゥーション」（constitution）だが、この言葉は元来、「体質」という意味だから、国の体質が変わったと考えてもいいのではないか。ただ、国体は変わっても断絶はしなかったということが超重要なのである。

末法《まっぽう》思想と蒙古襲来

「承久の乱」の結果、天皇の皇位継承までが武家に左右されるということになると、当時の歴史観としては「もう世《よ》も末《すえ》だ」という考え方も現れる。

天台宗《てんだいしゅう》の僧侶・慈円《じえん》は、承久二年（一二二〇）に『愚管抄《ぐかんしょう》』という歴史書を書いている。承久の乱の前年のことで、乱ののちに改訂が加えられているが、この本を貫《つらぬ》いているのは末法《まっぽう》思想である。

末法思想はもともと仏教からきたもので、シナで発達した。一番よかった時代は古代の堯舜《ぎょうしゅん》（注1）の治世《ちせい》で、それから時代を下るにしたがって徐々に悪くなっていくというシナの考え方が、次のような仏教の歴史観と合体したのである。

釈迦入滅《しゃかにゅうめつ》後千年（五百年という説もある）の間はまだ志操堅実《しそうけんじつ》な修行者がいて、釈迦の教えをよく守り、実践し続けるので成仏《じょうぶつ》ができる。これを正法時《しょうぼうじ》という。次の一千年は像法時《ぞうぼうじ》である。「像」とは「似る」という意味で、正法時に似て修行する者はいるが、時代としてはだいぶ悪くなる。そのあとの一万年（永久の意味）が末法時《まっぽうじ》、「つまり末の世」であり、この時代には教えは残っているものの修行する者もなくなり、仏法が正しく行われなくなるというのである。

日本でもこの頃から末法思想が非常に盛んになり、その代表が『愚管抄』というわけである。日蓮《にちれん》も文永《ぶんえい》十二年（一二七五）、蒙古《もうこ》（元《げん》）が襲来した翌年に「末法二二二〇年」などと言っている。

計算によれば、天皇家も神武《じんむ》以来、百代までは仏の加護があるが、それ以降は失われ、あと十六代で滅びるというようなことを『愚管抄』は言っている。やはり武家の勃興《ぼっこう》が、当時の公家には「もう世も末（終わり）である」と受け取られたのではないかと思う。

そんなときに蒙古が襲来する。いわゆる「元寇」である。

文永五年（一二六八）、ジンギスカンの孫の世祖《せいそ》、クビライ・カンが朝鮮（高麗《こうらい》）を通じて日本に国書を送ってきた。クビライはすぐに返書がくるものと思っていたが、当時十七歳の執権・時宗は、返書を送ろうとする朝廷の意向を拒絶し、朝鮮の使者を追い返してしまった。内容が無礼だったからである。

まず、「大蒙古国皇帝、書を日本国王に奉《たてまつ》る」と書き出している。自分の国に「大」をつけ、自分を「皇帝」と呼んでいるのに、日本に対しては「大」もないし、単に「国王」としている。この場合の「皇帝」と「国王」の関係は、ヨーロッパのエンペラー（カイザー、ツァー）と、各国王（キング、キューニッヒ）との関係に譬《たと》えられるであろう。ナポレオンは自分が「皇帝」になると、弟などをヨーロッパ各国の「国王」に任じた。皇帝のほうが上の概念なのである。

さらに、「友好関係を持ち、親睦《しんぼく》を図りたい」と書いてはあるものの、「もし武力を用いるようなことになれば望むところである」と結んでいる。すぐにでも潰してやるという脅《おど》しである。

時宗が使者を追い返したことによって、クビライは日本攻撃の命令を出した。かくして文永十一年（一二七四）、「文永の役」が始まる。元（蒙古）軍はおよそ四万人、そのうち八千人は高麗兵である。朝鮮半島の合浦《がっぽ》を出港した元軍は対馬《つしま》を襲い、残虐の限りを尽くして全島を奪った。対馬守・宗助国《そうすけくに》は僅か八十騎を率いて迎え撃ったが、無惨に玉砕した。続いて元軍は壱岐《いき》に上陸。守護代・平景隆《たいらのかげたか》も大軍に抗しきれず自決。その家族も皆殺しにされた。これらの惨状は明治時代の画家、矢田一嘯《やだいっしょう》（注2）が迫力のある大パノラマ画に描いている。

元寇については戦後あまり語られなくなったが、われわれの子供の頃は「対馬・壱岐の女子供が手に穴をあけられて船べりに吊るされた」といったような、悲惨な話を聞かされたものである。

私がまだ元寇のことなど知らない幼い頃に、先に述べた祖母が孫の私にこんななぞなぞを出したことがある。

「世の中でいちばん怖いものはナーニ」

幼い私が虎とか狼《おおかみ》とか、幽霊だとか化け物だとか答えると、「違う違う、それはフルヤのモリ」だと言う。「フルヤのモリ」というのは何だかわからないが、怖い。いまから考えると、家が古くなって雨漏りがするということかとも思うのだが、はっきりしない。

ところが、実はそれよりもっと怖いものがあると言うのだ。

「それは〝モッコ〟というものだ。それはそれは怖いのだよ」と。

では、そのモッコとは何かと聞くと、祖母は困ったような顔をして「何だか知らないが、一番怖いものはモッコなんだよ」と言うのであった。

もちろん、モッコとはモーコ（蒙古）のことである。元寇のときの蒙古の恐ろしさが、東北の山のなかでもこのような形で語り継がれてきたのである。

（注1）**堯舜**　堯と舜は、徳をもって理想的な仁政《じんせい》を行ったとされる中国古代の伝説上の帝

王。儒家によって聖人として崇《あが》められ、「堯舜」と併称《へいしょう》される。

（注2）**矢田一嘯**（一八五九～一九一三）　明治時代の洋画家。アメリカでパノラマ描法を学ぶ。清《しん》国の脅威を感じて国防意識を高めるため、元寇記念碑建設を計画した湯地丈雄《ゆじたけお》（一八四七～一九一三）の運動に共鳴し、十四枚の大パノラマ画「蒙古襲来図」を描く。湯地はこの油絵を持って全国各地を講演し、募金を訴えた。「蒙古襲来図」は十一枚が現存し、靖國神社遊就館《ゆうしゅうかん》が所蔵している。

少弐景資の一矢

蒙古の日本征服計画のため、その出先として利用された朝鮮がいかに酷い目に遭ったかは、井上靖《いのうえやすし》の『風濤《ふうとう》』という小説によく描かれているが、日本も無疵《むきず》ではいられなかった。対馬・壱岐を侵した元軍は、十月二十日に博多湾から箱崎附近に上陸した。これを迎え撃つ鎮西《ちんぜい》（九州）の日本軍、およそ五千と激烈な戦いが始まった。

宋や朝鮮では向かうところ敵なしで、日本もすぐに屈服するものと考えていた元軍は、日本軍の強い抵抗にあって驚いたが、初めて外国との戦いを経験する日本軍も困惑した。このとき、日本は初めて大砲というものを知る。大砲といっても弾丸を撃つのではなく、火薬の塊《かたまり》に火をつけて投げる擲弾筒《てきだんとう》のようなものであったと言われるが、日本軍はびっくりしたことであろう。しかも、武士が国内戦と同じつもりで「やあやあ遠からん者は音にも聞け、近くば寄って目にも見よ、われこそは……」といった調子で名乗りを上げているうちに、数百数千の敵が集団戦法で攻めて来る。言ってみれば、農耕民族と騎馬民族の戦いなのであった。この両者が戦えば、騎馬民族が勝つに決まっている。

日没近くになって、日本軍は水城《みずき》方面に退却を始める。このとき、博多正面の指揮官であった少弐資能《しょうにすけよし》の息子・景資《かげすけ》が追撃する敵将・劉復亨《りゅうふくこう》を矢で馬から射落とした。これで元軍も追撃を諦めて船に引き揚げる。

優勢だった元軍がなぜ引き揚げたのか、日本軍はわからなかった。敵将を射たことに気づかなかったのである。元軍は対馬や壱岐でも矢を使い、九州上陸後は矢を使い果たしたので引き上げたという説もある。たしかに、元軍の主力武器は短弓であった。いずれにせよ、その夜、嵐があって多くの船が沈んでしまったこともあって、元軍は風雨のなかを撤退していく。

当時の人々がこれを「神風《かみかぜ》」と呼んだのは、まさに実感であったろう。

時宗の功績と朝廷の「神風」信仰

前述したとおり、当時の公家は「もう世も終わりである」と感じていただろうが、日本全体から見ると、元寇のときの日本が軍事政権だったことは幸いであった。とくに、執権・北条時宗の時代だったことは幸いであったと言うべきであろう。

この当時、元に滅ぼされかけていた宋から禅の高僧が次々に渡来していた。名君・時《とき》頼《より》の子、時宗は早くから蘭溪道隆《らんけいどうりゅう》（注1）について、のちに大休正念《だいきゅうしょうねん》（注2）について禅を修めたが、これら宋の禅師たちも時宗の器量に感服している。とくに、元の兵士に刀を頭に突きつけられても神色自若《しんしょくじじゃく》として動じなかったと言われる無学祖元《むがくそげん》（注3）に参禅してからは、その勇邁《ゆうまい》な気性に磨きがかかった。

蒙古襲来のとき、時宗はまだ二十歳の青年であったが、鎌倉にあっていささかも動じることなく泰然《たいぜん》としていたのは、祖元の精神的指導に負うところが少なくないのではないだろうか。

祖元もまだ二十歳の時宗のことを、

「二十年乾坤《けんこん》を握定《あくてい》して喜慍《きうん》の色あるを見ず、一風蠻煙《ばんえん》を掃蕩《そうとう》してほぼ矜誇《きょうこ》の状あらず」

と絶賛しているのだ。

日本中が上も下も不安に包まれていたとき、鎌倉に座ったままでいる青年武将を見て、武士たちは大きな山を仰いだような気がしたという。

このときの様子を、頼山陽は『日本楽府』のなかで、「相模太郎《さがみたろう》（時宗）は肝《きも》、甕《かめ》の如し」と表現している。豪胆無双《ごうたんむそう》ということである。青年時宗の精神力は、日本中の武士たちに電流のように通じた。もし総大将に少しでも動揺の色があれば、鎮西の武士たちもあれほど勇敢には戦えなかったであろう。

元が再び攻めて来ることはわかっていたから、時宗は鎮西の御家人だけでなく、全国の御家人に呼びかけて博多の守りを固めた。文永の役の戦訓を踏まえ、御家人の持っている土地一反につき石一つという割り当てで海岸に石垣を築かせ、防塁《ぼうるい》をつくった。これは当時の絵巻にも描かれている。

クビライ・カンは数年間の準備期間を置き、弘安四年（一二八一）、今度は十数万の大軍を博多湾に派遣した。これが「弘安の役」である。

二カ月にわたって沿岸各地で激しい戦いが展開されたが、堅固《けんご》な海岸防備と、敵船に斬り込むなどの日本軍の果敢な攻撃によって、元軍は優勢を保ちながらも海上に長期間の停泊を余儀なくされた。やがて閏《うるう》七月、大暴風雨があって海上の元軍は全滅した。十数万の元軍のうち、帰国できたのは二割にも満たなかったという。再び「神風」が吹いたのである。

蒙古襲来に対して、朝廷では諸社寺に国難打開の祈禱《きとう》を命じ、亀山《かめやま》上皇自身も伊勢神宮に参拝して、「国難に身を以《もっ》て代わらん。わが命を召されてもいいから敵を滅ぼしたまえ」と奏上した。だから「神風」が吹いたのだ、と朝廷は思い込んだ。

それは、夏から秋口にかけてずっと博多湾あたりにいれば、一度くらい台風に襲われるのは当然だろうが、そうは考えない。元寇の勝利は、一所懸命お祈りしたり、護摩《ごま》を焚《た》いたりしたご利益だというわけである。

「大元三百万の蒙古ども一時に滅びしこと、全くわが国の武勇にあらず、ただ三千七百五十余社の大小神祇《じんぎ》・宗廟《そうびょう》の冥助《めいじょ》によるにあらずや」(『太平記』注4)

といった発想なのである。

「神風」ばかりが強調され、蒙古軍が内陸に入ってくるのを阻止するため戦った武士のことはすっかり忘れられている。その証拠に、時宗の功績に対する朝廷の評価もきわめて低く、従五位上《じゅごいじょう》から正五位下《しょうごいげ》に位が一級上がっただけであった。

時宗の働きが認められたのは、日露戦争のときである。明治天皇は元寇の際の時宗の苦労を思いやられて、明治三十七年（一九〇四）、勅使《ちょくし》を鎌倉の円覚寺《えんかくじ》にある時宗の墓にお遣《つか》わしになって、数階級特進して従一位《じゅいちい》をご追贈《ついぞう》になられた。またこれに先立って、明治天皇の皇后（昭憲皇太后《しょうけんこうたいごう》）は、

あだ波は　ふたたび寄せずなりにけり　かまくら山の　松の嵐に

とお詠《よ》みになっている。これは「神風」がお祈りのせいではなく、鎌倉武士から出た「暴風」だったと認識されておられたことを示すものである。

宮廷や神社仏閣の人たちとは異なり、武士たちにしてみれば自分たちが働いたという意識があるから、恩賞を求める。ところが、倒した敵の土地を手柄を立てた者に分けることができたこれまでの国内戦争とは違い、今回はこれだけ戦いながら何も得たものがない。さらに、蒙古襲来に幕府が対応できたのは義時以来、北条家が倹約に努めて財を蓄え、贅沢《ぜいたく》をせず、武士としての備えを怠《おこた》らなかったからであった。ところが、その富も今回の戦いで使い果たしてしまった。そうして不満が生じてきたときに、時宗が三

十四歳（満三十二歳）の若さで病死する。まことに元寇から国を守るために生まれてきたような武将であった。

（注１）**蘭溪道隆**（一二一三〜一二七八）宋から渡来した禅僧。寛元《かんげん》四年（一二四六）に来日し、北条時頼が創建した鎌倉建長寺《けんちょうじ》に招かれて開山となった。

（注２）**大休正念**（一二一五〜一二九〇）宋から渡来した臨済宗《りんざいしゅう》の僧。文永六年（一二六九）、北条時宗の招きによって来日。鎌倉浄智寺《じょうちじ》を開創した。

（注３）**無学祖元**（一二二六〜一二八六）弘安二年（一二七九）、北条時宗の招きに応じて宋より来日。蘭溪道隆亡きあとの建長寺の住持《じゅうじ》となり、弘安五年（一二八二）、弘安の役における戦没者追悼《ついとう》のため、時宗が開創した鎌倉円覚寺の開山となった。一二七五年、元の支配を逃れて温州《おんしゅう》（現浙江省《せっこうしょう》東南部）の能仁寺《のうにんじ》にいたが、本文にあるように、元の兵士に刀を突きつけられた折、「珍重《ちんちょう》す大元三尺《だいげんさんじゃく》の剣、電光影裏《でんこうえいり》に春風《しゅんぷう》を斬る」（「臨剣の頌《しょう》」）と吟じて事なきを得たという逸話が有名。

（注４）『**太平記**』　鎌倉時代末期から建武の中興・南北朝に至る争乱の歴史を、南朝側の立場から描いた軍記物語。全四十巻。応安《おうあん》年間（一三六八〜一三七五）に成立。小島法師の作

とも伝えられる。江戸時代初期から「太平記読み」と言われる講釈師が現れ、これがのちの講談のもとになったという。

戦後処理に対する武士の不満

元寇以後の幕府の一番の難題は、終戦処理であった。

有名な謡曲「鉢の木」の、佐野源左衛門が「いざ鎌倉」のときは痩せ馬に乗って駆けつけるという話に象徴されるように(94ページ参照)、幕府は常備軍を持っていなかった。鎌倉には城も要塞《ようさい》も兵営も、中央財政機関もない。いざというときに号令をかけると、各地にいる御家人たちが自分の家来を引き連れて馳《は》せ参じることになっていたのである。

江戸時代においても、財政の基盤は各大名がそれぞれに持っていたわけだから、維新後の明治政府は、廃藩置県《はいはんちけん》を行って中央の財政機関をつくらなければどうにもならないことに新政府は気がついたのである。

だから、蒙古のような外敵と戦う場合は、戦闘単位となる一人ひとりの御家人の負担が大変だった。鎌倉幕府そのものが戦費を負担するシステムになっていないのだ。にもかかわらず、御家人たちはみんな頑張って戦ってくれた。

元寇というのは意外に長い。元の国書を持って高麗からの使いがきたのが文永八年（一二七一）、二度目の元の襲来（弘安の役）が弘安四年（一二八一）。これだけで十年に及ぶ。だが、それで終わったわけではない。いつまた攻めて来るかわからない敵のために常に備えが必要である。結局、元が日本侵攻計画を諦めて、そのための軍事機関である征東行省《せいとうこうしょう》が廃止されたのは一二九一年（正応《しょうおう》四年）のことであった。この間、二十年にわたって、御家人たちは常に臨戦状態にあったのである。

国難にあたって九州の武士は歴戦した。さらに、家財道具を売り払ってまで旅費をつくり、九州以外から駆けつけた御家人もいる。ところが、戦争が終わってみると得たものは何もない。国内の戦いであれば倒した敵の領地が恩賞として分け与えられるが、今回の場合はそういうわけにもいかない。

戦場に行った御家人たちは、借金をしたり、所領や家屋敷を売り払ったりしてまで九州に赴《おもむ》いて命がけで戦い、一族のなかに戦死者を出した者も少なくないというのに、戦争が終わってみると、繁栄しているのは戦った者たちよりも、そういう者に金を貸したり、その土地を買い取った人々である。自分の家はすでになく、妻子は飢えに苦しんでいるというのに、出兵しなかった者たちが裕福に暮らしているのを見たら、誰でも腹が立つのではないだろうか。

昔の武士は国のために戦ったといっても、それは近代的な「愛国」という概念ではない。近代的な国家という観念ができて初めて「愛国」という意識も生まれ、「国のために死ぬ」という美意識に結びつく。だから、十九世紀初頭のナポレオン戦争以後は強大になった国家意識に徴兵制と愛国心が結びついて、「ラ・マルセイエーズ」のようなフランス国歌もできるのである。

ところが、当時は恩賞をくれるのはすぐ上の大将だと考えられていた。戦闘に参加した武士たちは慣例に従って、軍忠状《ぐんちゅうじょう》というものを必ず書く。「私はこんな手柄を立てました」と記録して自分の武勲を主張するのである。受け取った側は、それを不公平のないよう、できるだけ客観的に裁量するわけだ。その軍忠状がどんどん集まるが、元寇についてはは幕府としてはどうしようもない。

そこで、九州の武士に関しては幕府は直接タッチせず、鎮西談議所《ちんぜいだんぎしょ》という機関を博多に置いて、大友、少弐《しょうに》、島津、渋谷の四氏の合議に任せ、そこで不満があっても、鎌倉や京都の六波羅探題《ろくはらたんだい》（注1）に訴えてはいけないということにした。このため、関東の武士が九州の武士と功を争った場合、関東の武士はわざわざ九州まで出向いて訴えなければならなかった。これだけでも当然、遠隔地の武士から不満が出る。方言の問題ひとつにしても大きかったはずである。

終戦直後ならまだいい。戦闘の記憶がまだ生々《なまなま》しく残っているうちに手柄を判定するのであれば、勇敢な者の働きも、卑怯《ひきょう》な行いがあったことも、現場の人間が覚えている。そのうえ、もう元寇はないという確証がまだないのだから、第三次蒙古来襲に備え、裁判を早く済ませようと、誰もが協調して裁判に臨むことができたはずである。

しかし、この談議所が設置されたのは弘安九年（一二八六）、つまり弘安の役が終わってから五年後のことだった。しかも、総大将の時宗はその二年前に亡くなっている。これでは裁判がスムーズに進むわけがない。

事実、鎌倉や六波羅探題への越訴《おっそ》（一度下った判定を不満として訴えること）は禁じられていたにもかかわらず、訴訟はやまなかった。

そこでさらに九年後の永仁《えいにん》三年（一二九五）、時宗の息子の第九代執権・北条貞時《さだとき》はうんざりして、今後、元寇関係の裁判は賞罰を問わず、一切取り上げないと宣言した。鎌倉幕府の重臣たちには、知己《ちき》や親類のためであれこの問題を持ち出さない旨《むね》の誓約書を書かせたほどである。

戦後二十年経ってなお、このような状態だったことは、政権にとっては致命的である。「遅い裁判は無裁判」という言葉が西洋にある。裁判こそ国家が国家たるための最も重要な機能であり、それは公平迅速《こうへいじんそく》でなければならない。

鎌倉幕府ができたときは正反対であった。裁判は迅速で、法律が誰をも納得させるものだった。

たとえば京都では長い間、死刑がなかったものだから、検非違使庁《けびいしちょう》（警察）はあってなきが如しだった。そこで頼朝は文治《ぶんじ》元年（一一八五）、政子の父・北条時政を京都守護にした。時政は武士だから、強盗を捕まえると検非違使庁に渡さずに片端からすぐさま死刑にした。そのため、強盗の群れがあっという間に京都から消え、市民は安心して武家支持に傾いた。これも裁判が速かったからである。

また頼朝も泰時も、武家の法令はすべて「道理」という慣習によって受け入れられている発想法に基づいていた。為政者が勝手に考えるのではなく、すでに慣行としてあるものの確認というのが武家法の根本である。さればこそ、武家の式目は簡略ではあるが隅々まで納得され、実効があった。

それが元寇の後始末でしくじった。何しろ富というものが土地しかなかった時代であるから、裁判の時期を逸して訴訟がもつれてしまえば、どこまでも切りがなくなるのは当然であろう。裁判が迅速性を欠いたために、本来なら称えられるべき勝利者の北条氏が多くの武士に恨まれるに至ったのは、今日なお多くの教訓を含んでいるように思われる。

（注１）**六波羅探題**　承久の乱後、かつての平家の本拠地、六波羅に設置された鎌倉幕府の役職。京都の治安維持、西国の政務・軍事を統轄《とうかつ》した。南方・北方の二名からなり、西国諸国の訴訟も担当していた。六波羅守護。六波羅殿とも呼ばれる。

苦しまぎれの徳政令《とくせいれい》

武士たちの不満をかわすため、苦し紛れに行った経済政策が永仁五年（一二九七）の第一次徳政《とくせい》、いわゆる「永仁の徳政令」である。これは、鎌倉御家人の身分と所領の保護救済のために実施された、経済法則も何もすべて無視した強引なものだった。

これには柱となるものが三つあった。

一つは越訴を改めて禁止したこと。裁判の遅延が酷く、それがさらに裁判に対する不信を生んで、裁定に服さず越訴するので鎌倉幕府は音《ね》を上げたのである。それで、ともかく現在係争中のもの以外は一切越訴を禁止して現状維持とし、これ以上訴訟が増えないようにした。そのうえで、二番目の柱として御家人の所領の質入れや、これを流すこと、売り払うことを禁止した。買った所領は元の持ち主に返させた。ただし買い主も御家人であり、それについて幕府の認可を得ている場合、あるいは買ってから二十年以上経っているものは時効で例外とした。

御家人同士の間ではなんとか話がついた例も多かったらしいが、御家人から領地を買った商人や地主・百姓などは何の見返りもないまますべて返さなければならず、丸損である。御家人の得になる政令だから徳政と言われるようになったのである。

第三は、利子の廃止である。ただ、質入れをして金を借りることは認めた。たとえば金の必要があって刀を預けて金を借りる。何カ月か何年かののちに工面がついて金を返し、自分の刀を返してもらう。

ところが、金を貸した側はその間はその金を使えないので、実質的には損をしていることになる。だから親類同士、友人同士なら特別の好意で貸すこともあるだろうが、だいたいにおいてそれでは金を貸す人がいなくなる。金を貸す人がいなくなっては、かえって困る人がある。そこで利子というものが発生するわけである。

高利は人の弱みにつけこむことであるが、無利子は人の好意につけこむことにもなる。そして利子の廃止という徳政は文字どおり、鎌倉御家人に得をさせるために、彼らに金を貸した者の好意を無にしたことになる。

これは、土地を基礎にした支配者たちに、利子を甚《はなは》だしく憎む傾向があったからである。中世の西洋でも、キリスト教は利息を禁止し、金を貸して利子をとるのはユダヤ人だけの特権であった。そのため、シェイクスピアの戯曲《ぎきょく》『ヴェニスの商人』に見られるように、ユダヤ人は非常に憎まれ、しばしば迫害されるのであるが、それでも利子はなくならない。迫害する側がユダヤ人に借りなければならないことが起こるのだから、当然である。

ただし、この徳政令の場合、日本人同士だから、利子をとったからといって迫害できるわけはないし、国外追放もできない。この法令はあまり効き目がなかったであろうことは容易に察しがつく。いくらでも抜け道はあったのである。

いくらでもあった徳政の抜け道

抜け道としてすぐ考えられるのは、借用証書なり土地を売るときの売り券なりに、「徳政があっても約束どおりにします」という特記事項を入れることである。これを徳政文言《もんごん》という。もっとも、これはあまりに頻繁に行われたので室町時代になると効かなくなるのだが、当初はこれが有効だったから、この徳政令の効果は著《いちじる》しく減殺《げんさい》されたことになる。

所領の売買の禁止に対しては、「売るのではない、譲るのだ」ということにする。譲渡は認められているのだから、譲渡状をつくって譲渡の形式をとり、もちろん金は受け取るのである。これは徳政が出されると、すぐ行われ始めている。だから所領売買の禁止に関しては実質上、徳政は無効であったに等しい。

というのは、鎌倉時代は必ずしも長子《ちょうし》相続ではなく複雑な分割相続であり、女子にも相続権があって、土地の譲渡は日常的に行われていたから、譲渡まで禁じたら嫁にもやれなくなるからである。

利子の禁止についても、金を借りる場合、証文《しょうもん》に予《あらかじ》め元利を計算した合計金額を書いて、「これだけのお金をあなたから預かりました」と書けばいいのである。他人の金を預かった以上は返すのが当然だから、いくらでも利子を取ることが可能になった。こんな簡単な工夫で徳政はまったく効かなくなった。

このような具合だから、徳政令が翌年廃止になったのも当然である。これによって御家人のなかには助かった者もあったが、それ以外の人々はもはや幕府を信用しなくなった。とくにたちの悪い御家人のなかには、これに便乗《びんじょう》してあくどいことをした者も少なからずいたから、なおさらである。徳政は「道理」でもないし、一般に受け入れられていた「慣習」でもなかった。これはまさに天下が崩れる予兆と言ってよかった。

幕府は徳政令発布のちょうど一年後の永仁六年（一二九八）二月二十八日、この法令を廃止すると同時に、二階堂行藤《にかいどうゆきふじ》を越訴奉行にして旧制に戻した。

第4章 建武の中興——楠木正成と日本人

日本の皇位争いの特徴

冒頭で述べたように、「保元《ほうげん》の乱」をきっかけに武家政治が起こったのは、ローマの政治家、小プリニウスの「魚は頭から腐る」という言葉どおり、皇位継承システムが乱れたからである。それと同じことが、鎌倉時代にも起こった。これがわが国の南北朝《なんぼくちょう》時代の始まりとなる。

皇位をめぐっての皇族同士の争いは歴史上、少なくない。天智《てんじ》天皇の後継者争いであった「壬申《じんしん》の乱」（六七二年）はとくに有名であるが、『古事記《こじき》』や『日本書紀』を見れば、初代・神武《じんむ》天皇の死後、早速、後継者の地位をめぐって異母兄弟の戦いがあったことがわかる。それからどれくらい同じような事件があったか数えてみれば、おそらく驚くほどの数になるであろう。

皇室の相続問題で揉めると、天下はすぐに乱れる。ところが日本の場合、そこに三つほど他国とは異なる特徴がある。

第一に、主権争いは必ず皇室内で起こるということ。そこに皇室以外の人間が割り込んでくることはない。相続権のある皇族同士で皇位を争う。

第二は、それと関係するのだが、皇族以外の豪族が天皇になることはない。シナの歴史に頻繁に登場するような王位簒奪者《さんだつしゃ》はわが国にはいない。

第三番目に、いくら揉めても外国からの干渉がない。何しろ島国だから、常に国内の問題で終わってしまう。

その代わり、有力な豪族、とくに藤原氏は娘を宮廷に入れて男の子を産ませ、その子、つまり外孫を皇位につけるという方式をとった。これが日本の特徴である。

後嵯峨天皇の私情

南北朝の争いのもとは、ひと言で言えば後嵯峨《ごさが》天皇の私情による。後嵯峨天皇は「承久《じょうきゅう》の乱」のあとに、北条泰時《ほうじょうやすとき》が即位させた天皇である（一説には籤《くじ》で決めたとも言われる）。

「承久の乱」では、後鳥羽《ごとば》上皇、土御門《つちみかど》上皇、順徳《じゅんとく》上皇の三上皇がその責めを負って島流しにされた。順徳上皇の子で、四歳で第八十五代天皇になった仲恭《ちゅうきょう》天皇は、七十日間で幕府から廃帝させられている。当時は「半帝」とか、九条《くじょう》家出身なので「九条廃帝」などと呼ばれ、仲恭天皇と追号されたのは明治三年（一八七〇）になってからのことである。仲恭天皇を廃帝したあとは、後鳥羽天皇の直系を避け、守貞《もりさだ》親王の第三皇子・茂仁《ゆたひと》親王が十歳で即位して後堀河《ごほりかわ》天皇となり、十年後、後堀河天皇は、まだ二歳の第一皇子・秀仁《みつひと》親王に譲位して第八十七代・四条《しじょう》天皇とした。

その四条天皇が十二歳で急逝《きゅうせい》すると、摂政《せっしょう》・九条道家《みちいえ》は順徳天皇の皇子で縁戚に当たる岩倉宮忠成王《いわくらのみやただなりおう》を推薦したが、泰時はこれに反対し、「承久の乱」のときに後鳥羽天皇を諫《いさ》める側であった土御門上皇の第二皇子・邦仁《くにひと》親王を選んだ。こうして即位したのが後嵯峨天皇である（104ページ参照）。

討幕に否定的だった土御門家に対して、幕府は好意を持っていたのであろう。後嵯峨天皇がまだ皇位継承者でなかった頃、すでに内侍《ないし》の平棟子《たいらのむねこ》に生ませた宗尊《むねたか》親王を六代将軍（最初の親王将軍）に迎えてもいる。後嵯峨天皇はなかなか英明な方だったが、こうしたことから幕府に対しては友好関係にあり、かつ幕府の意向を大切にする傾向があった。

後嵯峨天皇には、后《きさき》である西園寺姞子《さいおんじきつし》の腹から生まれた久仁《ひさひと》親王（のちの後深草《ごふかくさ》天皇）と恒仁《つねひと》親王（のちの亀山《かめやま》天皇）という二人の皇子があった。ところが、この二人の皇子に対する天皇の愛情が同じでなかったことから問題は起こった。

当然、第一皇子である久仁親王が皇位を譲り受けることになったが、皇室財産である所領の多くは第二皇子の恒仁親王に譲ろうとしたのである。その理由は、天皇が弟のほうをとくに可愛がっていたので、兄にすべてをすんなり継承させたくなかったということらしい。

このようなことは直ちに天下の乱れに繋がる性質のものであるが、当時の執権《しっけん》は北条時頼《ときより》であり、幕府の威勢は強大であったし、後深草天皇（久仁親王）に皇位が移っても実際には後嵯峨上皇の院政《いんせい》であるから、宮廷内の亀裂が表面化することはなかった。

しかし、後嵯峨上皇はどうしても第二皇子の恒仁親王を皇位に就けたい。そこで、後深草天皇が結婚してまだ子供ができないうちに、恒仁親王を皇太弟《こうたいてい》（皇位を継ぐことになっている天皇の弟）とし、後深草天皇の猶子《ゆうし》にしてしまったのである。猶子というのは、武家や町人の家の「養子」とは違い、単に「子と見做《みな》す」という儀式のあった関係を指すものである。そして後深草天皇が病気になるとこれを上皇とし、恒仁親王を天皇の位に就けた。このとき、第一皇子の後深草上皇は十七歳、新しく亀山天皇として即位した第二皇子はたった十一歳であった。

宮廷の実権者は、この少年上皇と少年天皇の実父である後嵯峨天皇である。つまり、上皇が二人いて、実父が実権を持つ上皇、第一皇子が実権なき上皇、第二皇子が実権なき天皇ということになったのである。

後深草上皇と亀山上皇の確執《かくしつ》

十七歳で弟に皇位を譲らざるを得なくなった後深草上皇は孝心《こうしん》深く、穏やかな性格であったため不満は漏らさなかったが、希望は持っていた。父の後嵯峨上皇が崩御《ほうぎょ》されたら、自分が実権ある上皇として親政《しんせい》を行い、そのあとは自分の子供を天皇にすることができるであろうということである。

ところが、文永《ぶんえい》九年(一二七二)に亡くなった後嵯峨上皇は遺言状《ゆいごんじょう》を残していた。そこには財産分与については明記されていたが、誰が宮廷の実権者になるかは幕府に任せる、としか書かれていなかった。後嵯峨上皇は幕府のおかげで皇位に就けたのだから、幕府に対して遠慮があり、今回も幕府に決めてもらおうということだったのである。

そう言われても迷惑なのは幕府である。このときの執権・時宗《ときむね》は元《げん》の大軍の来襲に備えて全力を傾けているところだったから、将来の紛争の種になりそうなことにはかかわりたくなかったであろう。そこで、後嵯峨上皇の本当の希望がどこにあったかを、皇后であった西園寺姞子(大宮院《おおみやいん》)に問い合わせた。皇后は後深草・亀山両帝の生母であるから、真意を知るにはこの方に聞くのが一番いいと考えたのだろう。大宮院の答えは「後嵯峨上皇は亀山天皇の親政を望まれていた」というものであったので、その言葉どおり、亀山天皇親政とし、皇太子にも亀山天皇の皇子・世仁《よひと》親王（のちの後宇多《ごうだ》天皇）を立てた。かくして皇統は嫡流《ちやくりゆう》を離れてしまうことになったのである。

この決定は後深草上皇はもちろん、上皇に仕《つか》えていた公家《くげ》たちにとっても心外であり、また上皇周辺以外の人々にとっても意外だったらしい。後深草上皇は、亡くなった後嵯峨上皇のために法華経《ほけきよう》を血書《けつしよ》して菩提《ぼだい》を弔《とむら》いながらも、自らの院政の望みを断たれ、本来なら正統を継ぐべき自分の皇子が皇位から遠ざけられて、閏統《じゆんとう》の弟が上皇となって院政を行い、その子供が後宇多天皇として即位したことは耐え難かった。

ちなみに、南北朝の時代にはよく「正・閏」という言葉が使われた。「閏」は正統の「正」に対して閏統のことであり、「閏」は「うるう」、つまり「うるう年」「うるう月」という言葉があるように、もともとは「余分な」という意味である。正統から外れた余分な系統ということだが、別に悪い意味ではない。

さて、自分の望みと亡父の遺志の間で苦しんだ後深草上皇は、「太上《だじよう》天皇」という尊称も捨てて出家しようとした。その悲痛な気持ちが鎌倉に伝わると、時宗はいたく同情した。というのは、やはり武家だから家督《かとく》相続に対しては敏感なのである。

「なるほど、長男であるのに気の毒だ」というので早速、評定《ひょうじょう》を開き、後深草上皇の皇子・熙仁《ひろひと》親王を亀山天皇の猶子として皇太子にし、将来、熙仁親王が即位したときには後深草上皇の院政とすることにした。この案に後深草上皇も亀山上皇も賛成したので、このときは一応の決着を見た。

皇位継承を交替制に

こんな複雑なやり方は長く続くはずはないのだが、幕府の権威があるうちはきちんと守られ、後宇多天皇も約束どおり、後深草上皇の皇子・熙仁親王にあとを譲って熙仁親王は第九十二代・伏見《ふしみ》天皇となり、後深草上皇の院政が敷かれた。後深草上皇は宮廷の実権を手にするまで、父の院政、弟の親政と院政という三つの時期、通算四十一年間、待ち続けたことになる。とはいえ、それも決して円滑に行われたわけではなく、亀山上皇は幕府に対して異心を抱いているらしいという風聞《ふうぶん》のおかげでもあった。それで幕府は後深草上皇の系統にも皇位がいくような措置《そち》をとったのである。

その後、後深草上皇の系統を持明院《じみょういん》統（のちの北朝）と呼び、亀山上皇の系統を大覚寺《だいかくじ》統（のちの南朝）と呼ぶようになった。これは伏見上皇が持明院を御所《ごしょ》として用い、一方、後宇多上皇は嵯峨の大覚寺を再興して、そこで崩御したからである。持明院統の人々は、大覚寺統には幕府討伐の気持ちがあるとか、後嵯峨天皇の遺言状は偽物だったとかいう噂を流していたらしく、次第にこの両統は対立するようになる。

系図というのは厄介なものだが、歴史はだいたいにおいて系図を睨《にら》みながらでないとわかりにくいところがある。日本でも西洋でも、貴族と一般人の違いの一つは、系図がちゃんと頭に入っているかどうかだそうである。一般人は祖父以上のことになると怪しいが、貴族は何代遡っても傍流《ぼうりゅう》に至るまですべて正確に覚えているという。日本の南北朝の対立も系図上の争いであるから、それが頭に入っていると大変に具合がいいのだが、それはわれわれには無理な話であるから、系図（１３７ページ）を睨みながら語ることにしよう。

図を見ると、ともかく持明院統と大覚寺統がだいたいにおいて交互に皇位を譲り合っていたことがわかる。しかし、何といっても不自然な話であって、いずれ破綻《はたん》するであろうことは誰もが感じていた。

相手側に皇位がいっているときは「早く、早く」と譲位を促《うなが》す。両統が交互に即位していた当時の天皇の在位期間は、だいたい八年くらいである。短命でそうなるのではなく、譲位させせられてしまうのである。

では、あるときどちらかの側が、相手側に皇位を譲るのを拒否したらどうなるか。それでどういうことが起こるにしろ両統並立は終わりになるはずだが、鎌倉幕府に訴えると鎌倉が介入して約束を守らせたのである。だから、鎌倉には早くこちらに回してくれという使いが両統からひっきりなしに来たらしい。そこで幕府は煩《わずら》わしくなって正安《しようあん》三年（一三〇一）、時宗の子供の貞時《さだとき》が両統の即位を十年交替にすることにした。

鎌倉幕府の権威が揺らがない限りは、半永久的にこうした皇位の譲渡方式が続いたかもしれない。だが、元寇《げんこう》の後始末に失敗したことによって幕府の威信が失墜《しつつい》するという事態が生じた。かくして、そもそも後嵯峨天皇が依怙贔屓《えこひいき》から正統を乱し、皇位継承を複雑にしたことが、実に八代ののちに南北朝という形で顕在化《けんざいか》したのである。慎《つつし》むべきは正統の明快さを曇《くも》らせることである。あるいは、本命の後継者を感情で退けることである。

宋学に傾倒した後醍醐天皇

第九十五代・花園《はなぞの》天皇（持明院統）が皇位にあったとき、その猶子である皇太子は尊《たか》治《はる》親王（大覚寺統。のちの後醍醐《ごだいご》天皇）であった。ところが、皇太子のほうが九歳年上である。後醍醐天皇は気性が激しく、学問に熱心で「稽古《けいこ》の君」と呼ばれていた。花園天皇にしてみれば、自分の皇太子といっても一目置かざるを得ない又従兄《またいとこ》であった。

この後醍醐天皇が好んだ学問というのが重要で、それは宋学《そうがく》、つまり朱子学《しゅしがく》だったのである。

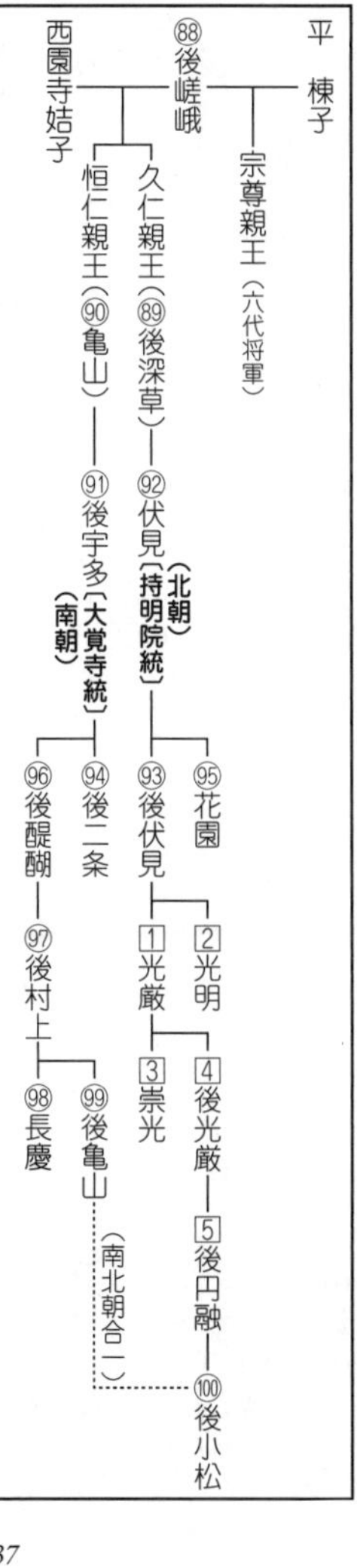

持明院・大覚寺両統の系譜　○数字は皇位代数、□は北朝皇統

宋学とは鎌倉時代に主に禅僧が宋から日本に持ち込んだもので、宋という国は蒙古族《もうこぞく》の元《げん》に押されて南へ逃れた王朝だから、異民族・蒙古の支配に対して自分たちこそ正統であるという意識と大義名分に敏感であった。だから宋学はとりもなおさず、正統を明らかにすることに力を注いだ「正統論」を重んずる朱子学なのである。

後醍醐天皇は、この宋学の正統論に深く傾倒した。即位すると、儒学者・玄恵《げんえ》法師に朱子の『四書集注《ししよしゆうちゆう》』（四書『大学』『中庸《ちゆうよう》』『論語』『孟子《もうし》』の注釈書）を講義させた。日野資朝《ひのすけとも》ら気鋭の宋学の徒を蔵人《くろうど》（皇室で主に文書を管理する役人）に抜擢《ばつてき》し、北畠親房《きたばたけちかふさ》、万里小路宣房《までのこうじのぶふさ》、吉田定房《よしださだふさ》の「三房《さんぼう》」を重用するなど人材登用にも熱心で、非常に聡明で博識、かつ気性が激しい方であった。

後醍醐天皇の学問と迫力については、持明院統の花園天皇も「東宮《とうぐう》（自分の猶子である皇太子、つまり即位前の後醍醐天皇）は和漢の才を兼ね、年齢は父の如し」と記し、即位後については「近日の政道は淳素《じゆんそ》（飾り気がないこと）に帰し、君すでに聖王となる。臣また人多し」と評している。ライバルの花園天皇でさえ、後醍醐天皇を「聖王」と呼び、仕える者たちにも人材が多いと言っているのだ。

もともと花園天皇の皇太子（大覚寺統から次に即位する天皇）には前天皇（九十四代）後《ご》

二条帝《にじょう》の遺児である邦良《くになが》親王がなるはずであったが、病弱かつ幼少であったので、後二条天皇の弟ですでに成人している尊治親王（後醍醐天皇）が推されたのであった。やがて、学を好み、『風雅集《ふうがしゅう》』を自ら撰《えら》ぶほど詩歌《しいか》をよくした花園天皇はあっさり退位して、後醍醐天皇が三十一歳で即位した。当時、こういう壮年の新天皇は稀《まれ》であった。しかもこの天皇は気鋭であり、宋学を学んで名分を重んじていた。

宋学の立場から見れば、「日本の正統たる天皇の地位が幕府の意向で決まり、皇位継承に対して幕府が干渉するのは許すことのできない不遜《ふそん》な行いである」ということになる。幕府のおかげで後嵯峨天皇は即位できたのではあったが、幕府の介入が続くと、皇室としては自分たち身内の争いに口を出されたという発想を持つ。

さらに、後醍醐天皇の皇太子となっていた前述の邦良親王（大覚寺統。後二条天皇の子）が亡くなると、天皇は自分の子である護良《もりなが》親王を皇太子にしたいと考えたが、執権・北条高時《たかとき》は九十三代・後伏見《ごふしみ》天皇（持明院統）の子、量仁《かずひと》親王（のちの北朝初代・光厳《こうごん》天皇）を皇太子に立てた。これは持明院統と大覚寺統が代わる代わる皇位に就くという原則に従った処置だから、べつに幕府が悪いわけではないが、これにも後醍醐天皇は非常に腹を立てた。

やはり天皇の気性が激しいと、取り巻きも「そうだそうだ」ということで一致する。そこで後醍醐天皇は、絶対に鎌倉の言うことは聞くまいと決心するのである。ということはとりもなおさず、皇位は持明院統系に渡さないということにもなる。十年交替で皇位を両統の回り持ちにするという方式は執権・貞時の決めたことであり、宋学の大義名分論からするとそれはおかしい、と考えたのだ。

この正統に対する信念が、明治維新のときと同じであることは注目してよい。宋学は後醍醐天皇の時代には新しい学問であり、それを奉ずる人々は一種の革新派だったのである。そして革新がとりもなおさず復古《ふっこ》であるというのが、後述する「建武《けんむ》の中興《ちゅうこう》」であった。明治維新の志士たちも、その行動の原理を朱子学の正統思想、大義名分論によっていたのである。そして維新、つまり革新という名の復古運動を成し遂げたのである。維新に際しては実践倫理を説く陽明学《ようめいがく》の影響がよく言われるが、陽明学的に行動に移る前に、志士たちは朱子学の名分論によって、幕府の体制を非としていたのである。

後醍醐天皇は、正統を守り、立てていくためには、当然のことながら、それに介入する幕府を討たねばならないと考え、討幕《とうばく》復古の計画を立てる。

天皇の夢に現れた「楠」

ところが、この後醍醐天皇「ご謀反《むほん》」の計画が幕府に知られ、側近の日野資朝らが捕えられる。これが正中《しょうちゅう》の変（正中元年＝一三二四）である。このときは万里小路宣房が鎌倉まで赴き、天皇は一切かかわりがないと弁明して執権・北条高時を納得させたため、後醍醐天皇には何の処分もなかった。

そこで改めて後醍醐天皇は幕府討伐の計画を練るのだが、その難しさは武士たちがすべて幕府側についていることだった。「承久の乱」のときは後鳥羽上皇に味方する武士も多かったが、それから百十年が経ち、すっかり幕府の威光が行き渡ったいまでは、それも覚束《おぼつか》ない。そこで後醍醐天皇は、南都《なんと》（奈良・興福寺《こうふくじ》）北嶺《ほくれい》（京都・比叡山延暦寺《ひえいざんえんりゃくじ》）の僧兵を頼みにした。その頃、後醍醐天皇の皇子・護良親王は出家して比叡山の天台座主《てんだいざす》となっていた（のちに大塔《だいとう》に移ったので大塔宮《だいとうのみや》と称した）ので、比叡山僧徒の協力を得させ、大塔宮も武芸に励むようになった。

しかし、後醍醐天皇の計画はまたも幕府側に洩《も》れた。幕府討伐に反対して天皇を諫《いさ》めていた「三房」の一人、吉田定房がやむなく幕府に密告したために、幕府は武力制圧のため三千の兵を京都に送った。

天皇は中宮《ちゆうぐう》と別れを惜しむ暇もなく、三種《さんしゆ》の神器《じんぎ》を持って一旦比叡山に脱出し、そこから姿を変えて奈良に逃げ、さらに京の笠置山《かさぎやま》に落ちる。武装した比叡山の僧たちは天皇とともに戦うつもりだったから、花山院《かざんいん》（藤原）師賢《もろかた》を天皇ということにして比叡山に残した。大塔宮（護良親王）は僧兵三百を率いて六波羅《ろくはら》の軍勢を敗走させたが、天皇が偽者であることを知った比叡山の僧兵たちは怒って帰ってしまった。大塔宮はその後、奈良の般若寺《はんにやじ》に隠れ、その後、熊野《くまの》に逃れた。

このとき、突如として歴史の舞台に現れ、後醍醐天皇のために兵を挙げたのが、楠木《くすのき》正成《まさしげ》という河内《かわち》の田舎侍であった。

この正成についてはいろいろな説があるが、前半生についてははっきりしない。ただ、橘《たちばな》氏の子孫で、宋学を学んだと言われている。

『太平記《たいへいき》』では、後醍醐天皇が「木」が「南」に大きく枝を張り出している夢を見て「楠」という武士を探した結果、正成が後醍醐天皇と会うというドラマティックな登場をしている。その真偽は別にして、正成は天皇と面会したあと、河内の赤坂城に立て籠もって幕府の大軍と戦いを始めるのである。

「天が下には隠れ家もなし」

幕府も今回は本気で、大仏貞直《おさらぎさだなお》、金沢貞冬《かねさわさだふゆ》、足利高氏《あしかがたかうじ》（のちの尊氏）、新田義貞《にったよしさだ》らの武将をはじめ、一説によれば五十万の大軍を送った。笠置は地の利がよく、天皇軍もおよそ二十日間にわたって大軍を相手に戦ったが、結局、陥落《かんらく》した。そこで天皇は農夫の姿に身をやつし、風雨のなかを楠木正成が立て籠もる赤坂城に向かった。天皇の側に残ったのは万里小路宣房の子・藤房《ふじふさ》、藤原師賢、源具行《みなもとのともゆき》の三人のみ。食べるものもなく、道に迷いながらの惨憺《さんたん》たる逃避行であった。この困窮のなかで、天皇はこんな和歌を詠《よ》まれた。

さして行く　笠置の山を　出でしより　天《あめ》が下には　隠れ家もなし

これに答えて万里小路藤房は、

いかにせん　たのむ陰とて　立ちよれば　なほ袖ぬらす　松の下露《したつゆ》

と詠んだという。

われわれはこの和歌を小学校で習った。天皇の御製《ぎょせい》の「さして行く」は笠置の「笠」の縁語であり、「天が下」は「雨が下」に掛けている、ということも、そのときに教わった。敗残の天皇主従が山のなかで困窮の極にありながら、和歌のやり取りをする教養の伝統というものに、子供心にも強い印象を受けたものである。

ただ、後醍醐天皇の御製はこれ以外にも数多くあるが、いずれも弱々しい、あるいは哀情のこもった繊細な感じのものばかりである。その一生からみれば、勇ましい歌があってもよさそうなものだと思われる。幸田露伴はこの点に夙《つと》に気づいて、初代・神武天皇の「撃ちてしやまむ」のような勇壮な御製と比較し、建武の中興を成し遂げたほどの英邁《えいまい》な方の気象《きしょう》とその御製が合っていないことを指摘した。そして「悲しきかな建武の帝の御歌や」と結んでいる。

結局、後醍醐天皇一行は途中で幕府に捕まり、天皇は謀反人として元弘《げんこう》二年（一三三二）三月、隠岐《おき》に流された。幕府は皇太子・量仁親王を即位させた（光厳天皇）が、このとき、後醍醐天皇は三種の神器を光厳帝に渡しているから、後醍醐天皇は正式に譲位したということになる。ただし、『大日本史』（注1）はその神器は贋物《にせもの》だと言って光厳天皇を皇統から削っている。しかし、贋物であろうが何であろうが、明らかに後醍醐天皇は神器を渡したわけだから、光厳天皇も皇位としては有効であろうという説が学問的にはある。

本当ならば九十六代・後醍醐天皇、九十七代・光厳天皇、九十八代・後醍醐天皇（重《ちょう》祚《そ》、つまり二度目の即位）となるところだが、『大日本史』以後は光厳天皇は皇統から消され、後醍醐天皇が途切れることなく即位していたことになり、九十七代は後村上《ごむらかみ》天皇（南朝）とされ、現在は光厳天皇は北朝初代ということになっている。

（注1）『**大日本史**』　水戸藩主・徳川光圀《とくがわみつくに》の命により水戸藩が明暦《めいれき》三年（一六五七）に編纂《へんさん》を始め、正徳《しょうとく》六年（一七一六年）に初代・神武天皇から百代・後小松《ごこまつ》天皇までを扱った「紀《き》伝《でん》」が完成。最終的に完成したのは明治三十九年（一九〇六）。神功《じんぐう》皇后を歴代の天皇に数えずに皇后とし、大友《おおとも》皇子を天皇と見なして本紀《ほんぎ》に入れ（これに従って、大友皇子は明治になってから弘文《こうぶん》天皇と追諡《ついし》された）、また、南北朝のうち南朝を正統としたことが三大特色である。その大義名分論史観は、幕末の尊王思想に大きな影響を与えた。

千早城《ちはやじょう》が天下の大勢を一変させた

後鳥羽上皇と北条泰時が争った「承久の乱」なら、これで終わりである。ところがたった一つ、重要な違いがあった。それは、楠木正成の存在である。

笠置が落ちてからも、赤坂城では楠木正成がさまざまな奇策を用いて幕府軍と激しい攻防戦を続けていた。しかし、食糧も少なく、援軍の見込みもないため、正成は城に火を放って逃げた。正成は戦死したものと思われたが、その一年後、幕府の留守部隊が入っていた赤坂城を突如、逆襲してこれを占領してしまった。のみならず正成軍は勢力を拡大し、金剛山《こんごうざん》に築いた千早城《ちはやじょう》を本拠として徹底抗戦を始めたのである。

驚いた幕府は、再び動員令を下して八十万といわれる大軍を送り込んだ。しかし正成軍は意気盛んで、かえって摂津《せっつ》に出兵したりしたため、新しく即位した光厳天皇の周囲は非常に恐れ、京都は戦々兢々《せんせんきょうきょう》たる有り様であった。

しかし、何といっても幕府は大軍である。赤坂城が落ち、大塔宮護良親王の立て籠もっていた吉野城も陥落して、護良親王は高野山に逃れた。

しかし、最後の拠点である千早城だけはどうしても落ちない。幕府軍が総力をあげて攻めかかっているのに、ゲリラ張りの戦いを続ける正成の前に悪戦苦闘し、何カ月経っても落とせないのである。今回は正成の準備はよく整い、計略は実に多彩である。山のなかだから、幕府軍は大軍といっても一挙に攻められない。現代のように飛行機で空から攻撃するわけにもいかず、少しずつ攻めるしかないから、正成の作戦の妙で、いつまでも頑張り続けている。

幕府がよってたかって攻撃しているのに、あんな小城一つをどうしても落とせないということが天下に知られてくると、幕府に不満を持っていた連中がほうぼうで反幕府の兵を挙げ始めた。こうして天下の大勢が突如として一変するのである。

小さな抵抗によって天下の大勢が変わるということは、歴史上ではままあることである。たとえば一八七七年のロシアとトルコの戦争（露土《ろと》戦争）のとき、初めのうちはキリスト教徒のイギリス国民は反トルコだった。ところが、オスマン・パシャ（注1）がプレヴナ（プレヴェン）要塞《ようさい》の戦いで怒濤《どとう》の如く南下して来るロシア軍を半年近く食い止めた。そのためイギリスの世論がひっくり返り、さらにドイツのビスマルクが動いてベルリン条約が結ばれ、ロシア軍が撤退させられて、ロシアはバルカン半島における南下政策を諦めたということがあった。

（注1）**オスマン・パシャ**（一八三二〜一九〇〇）　小アジア・トカトの出身。コンスタンチノープル士官学校を出て、クリミア戦争、セルビア・トルコ戦争などに従軍。露土戦争では英雄として称賛された。晩年はトルコの陸相を務め、トルコ軍の近代化に功績を残した。

二十日間足らずで滅んだ鎌倉幕府

正成の抵抗に奮い立った反幕府分子の多くは、承久の乱で後鳥羽上皇側について処刑された武士たちの子孫である（96ページ参照）。さらに、高野山に落ちた大塔宮護良親王の命を受けた吉野・十津川《とつがわ》あたりの武士がしきりにゲリラ戦を展開する。意気阻喪《いきそそう》した幕府軍は脱走兵が引きもきらず、ついに十万人程度の兵力になってしまった。のちに鎌倉を討つ新田義貞も、千早城で楠木正成を攻めていたが、城がいつまでも落ちないので北条幕府を見限っている。さらに護良親王の令旨《りょうじ》を受けた播磨《はりま》の赤松円心《あかまつえんしん》も挙兵し、官軍として真っ先に京へ攻め入った。

そうこうしているうちに隠岐島を抜け出した後醍醐天皇は、伯耆国《ほうきのくに》（現鳥取県）の名《な》和長年《わながとし》に迎えられ、船上山《せんじょうさん》（現鳥取県琴浦町《ことうらちょう》）で兵を挙げる。後醍醐天皇軍討伐のために出てきたはずの足利高氏（尊氏）は北条氏のために戦う気をなくし、天皇に帰順を乞うて、逆に六波羅を攻め取ってしまう。高氏と同じ源氏の名門の出身である新田義貞は、関東で兵を起こして鎌倉を倒す。正成一人の抵抗をきっかけにさまざまなことが一時に起こり、あれよあれよという間に形勢は大逆転した。

後醍醐天皇崩御のあとに北畠親房が著《あらわ》した『神皇正統記《じんのうしょうとうき》』には、こうある。

「符契《ふけい》をあはすることもなかりしに、筑紫《つくし》の国々《くにぐに》、陸奥《みちのく》、出羽《いでは》のおくまでも同月《おなじつき》にしづまりけり。六七千里《ろくしちせんり》のあひだ、一時《いっし》におこりあひにし、時のいたり、運の極《きはま》りぬるはかかることにこそと不思議にも侍《はべ》りしもの哉《かな》。

平治《へいぢ》より後、平氏《へいじ》世をみだりて二十六年、文治《もんち》の初《はじめ》、頼朝権《よりともけん》をもはらにせしより、父子《ふし》あひつぎて三十七年、承久《じょうきう》に義時《よしとき》世をとりおこなひしより百十三年、すべて百七十余年のあひだ、おほやけの世を一《ひとつ》にしらせ給《たまふ》ことたえにしに、此《この》天皇の御代《みよ》に掌《たなごころ》をかへすよりもやすく一統《いちとう》し給《たまひ》ぬること、宗廟《そうべう》の御はからひも時節ありけりと天下こぞりてぞ仰《あふぎ》奉《たてまつ》りける」

当事者の親房自身、「割符《わりふ》を合わせるように別に示し合わせたわけでもないのに、同じ月のうちに全国各地で討幕の動きが起こって幕府を討ち、鎮《しず》めてしまったのはいかにも不思議である」と驚いているのである。

本当に、ひと月の間にバタバタッと勝敗が決まってしまった。足利高氏が京都の六波羅を落としたのが五月八日。新田義貞が鎌倉を滅ぼしたのは同二十二日。鎮西探題《ちんぜいたんだい》（鎌倉幕府の九州統治機関）が落ちたのは五月二十六日。通信機器も鉄道もない時代であるにもかかわらず、たった二十日足らずの間に関東から九州まで、鎌倉幕府の拠点がすべて潰されてしまったのである。北畠親房が『神皇正統記』において特筆したのも当然であると言えよう。

楠木正成の「聖戦思想」

正成の戦いぶりが独特であったことは注目すべきであろう。その戦術はゲリラのようでもあったが、まことに近代的であった。それは「一所懸命《いっしょけんめい》」ではなかったということである。

後醍醐天皇の幕府討伐に参加した武士のほとんどは、主義というよりは所領を得たり増したりするために戦ったのである。彼らは「建武の中興」が成功したあと、自分たちがその恩恵に与《あずか》ることが少ないことを知ると、今度は足利方について後醍醐天皇に敵対するのである。武士に理想などなく、目に映るのは所領のみであり、その一つ所《ひとところ》に命を懸《か》ける。つまり、「一所懸命」なのである。

ところが、楠木正成は自分の領土拡張のために戦ったのではない。勝ち目があるから戦ったのでもない。負けたら逃げればいいと思っている。彼は所領よりは自らの信じた大義に目を向け、いわば理想のために戦った。そのために損をすることも、生命を失うことも厭《いと》わなかった。一種の宋学的な「聖戦思想」と言ってもいい。この点において、後醍醐天皇と楠木正成は同じであった。鎌倉幕府も、なんでこれほど楠木正成が頑張るのかわからなかったであろう。

しかし、それよりも私がわからないのは、「建武の中興」が失敗に終わり、理想が裏切られても、楠木正成とその一族は何代にもわたってずっと後醍醐天皇のために戦ったことである。これについては納得のいく説明を聞いたことがない。

そもそも、南朝も北朝も皇室であることに変わりはないのだから、どちらについてもかまわないようなものだ。それでも、楠木正成は後醍醐天皇のほうが正規の天皇だと信じたのだろう。それに敵対する幕府勢力はよくないと考えたとしか思えない。だから、後醍醐天皇の理想への忠誠とは別に、楠木正成の「反幕府」という姿勢が後世においては強調されることになった。

楠木正成は、この当時もそれ以後も、武士としては非常に理解されにくい異質な存在であった。そのため、彼は武家の時代にはずっと忘れ去られていたのだ。楠木正成が再発見されたことこそ、日本が近代国家としての意識に目覚めたことの証《あかし》なのである。維新の志士は彼を偶像化し、明治以後の日本人も生き方の手本とした。彼こそ近代国家の軍人のあり方の先駆《せんく》であり、それが神風特別攻撃隊菊水《きくすい》隊（菊水は楠木家の紋である）まで続いたのである。

戦後の子供たちが楠木正成の名前を知らなくなったのは、「国のため」という思想が稀《き》薄《はく》になったことの証左《しょうさ》であろう。

天子自《みずか》ら「武」を握る

かくして後醍醐天皇は京都へ戻り、政治を執《と》ることになる。源頼朝が幕府を開いてから百四十年ぶりに政権は朝廷に戻り、いわゆる「建武の中興」がなされたのである。

重要なのは、「武」を武士に任せるのではなく、天子自らが握るという姿勢を示したことだ。勉強家の後醍醐天皇はシナの歴史もよく知っていたから、王莽《おうもう》（注1）を武力で倒し、漢《かん》の王室を再興した後漢《ごかん》の光武帝《こうぶてい》（注2）に自らをなぞらえたらしい。北条氏が滅びると年号を「元弘」から「建武」に改めたが、これも「武」の文字が入っている光武帝の年号をそのまま取ってきたのである。

天皇が、足利尊氏《たかうじ》（後醍醐天皇の諱《いみな》「尊治」から一字を与えられて「高氏」から改名）に警戒心を抱いていたこともあるかもしれない。尊氏はもともと北条軍として京に出陣してきたのだが、味方の名越高家《なごえたかいえ》が赤松円心の伏兵部隊に討ち取られるのを見て北条を裏切り、丹波篠山《たんばささやま》で後醍醐天皇の詔勅《しょうちょく》を得たと言って、ほうぼうの武将に反北条を呼びかけた。これが、のちに尊氏が新政府の中心だったような錯覚を起こさせるもとになる。尊氏は源氏の正統だったから、附近の武士が続々と集まって来て六波羅に攻め込んだのである。

とくに、尊氏の武力を警戒したのが大塔宮護良親王である。護良親王は、笠置が落ちてからずっと潜伏を続けながら諸国の武士に令旨を発して呼びかけ、後醍醐天皇が隠岐に流されている間も楠木正成らと戦い抜き、その武功は抜群だったから、この親王が征《せい》夷《い》大将軍《たいしょうぐん》となった。尊氏は自分が征夷大将軍となることを望んだが、聞き入れられなかった。大塔宮と尊氏は当然、反感と警戒心を抱き合うことになる。

鎌倉幕府滅亡のあと、最後の執権・北条高時の二男、北条時行《ときゆき》が関東で兵を起こし、鎌倉を奪還しそうな勢いであったとき、足利尊氏が出陣を決め、「征夷大将軍総追捕使《そうついぶし》にしてください」と申し出た。「総追捕使」は、頼朝がかつて義経《よしつね》を捕らえるために朝廷からもらった官名である。しかし天皇はそれを許さず、成良《なりなが》親王を護良親王解任後の征夷大将軍に任命した。あくまでも「武」は朝廷が握るという方針である。さらに、朝廷は奥州《おうしゅう》を重視していたが、その軍事責任者である陸奥守鎮守府将軍《むつのかみちんじゅふしょうぐん》には北畠親房の長男・顕家《あきいえ》を任命している。

(注1)**王莽**(前四五~後二三) 前漢《ぜんかん》末期の政治家。十三代皇帝・平帝《へいてい》を立てて政権を握ったあと、皇帝を毒殺して自ら帝位に就き、新《しん》を建国。儒教政策を推し進めたが、豪族・民衆の反発を買い、劉秀《りゅうしゅう》(後漢の光武帝)に滅ぼされた。

(注2)**光武帝**(前六~後五七) 後漢の初代皇帝。二二年に王莽軍を昆陽《こんよう》で破って漢を再興し、都を洛陽《らくよう》に定める。儒学を奨励して、後漢王朝の基礎を築いた。

「武家なき世」こそ天皇の理想

ところが、北条幕府が元寇後の恩賞問題をきっかけに衰退していったように、「建武の中興」も恩賞が恣意的《しいてき》であったため、つまり後醍醐天皇の気分によって行われたために崩壊していく。北条幕府の場合は同情すべき点もあるが、今回はまったく同情の余地のない出鱈目《でたらめ》なものであった。

この頃、「女謁《じょえつ》」、つまり女が謁見《えっけん》するという言葉があった。女が口を出して恩賞を左右するという意味である。後醍醐天皇の寵愛《ちょうあい》がとくに深かった阿野廉子《あのれんし》という側室の意見が、建武の中興における恩賞を大いに左右したのである。

ちなみに、後醍醐天皇は皇太子の頃から多くの女性に子供を産ませ、親王・内親王を合計すると三十名を超え、なかには母親の名前が不明な場合もある。廉子からは恒良《つねなが》親王、成良親王、義良《のりなが》親王（のちの後村上天皇）が生まれている。その主な皇子と母系は図のようになる（156ページ参照）。実に賑《にぎ》やかなものである。

廉子は図にあるように右近衛中将《うこんのえちゅうじょう》阿野（藤原）公廉《きんかど》の娘で、中宮の礼成門院《れいせいもんいん》（後京極《ごきょうごく》院《いん》）藤原禧子《きし》の侍女《じじょ》であったが、才色兼備で和歌も上手だったので帝に気に入られ、後《こう》

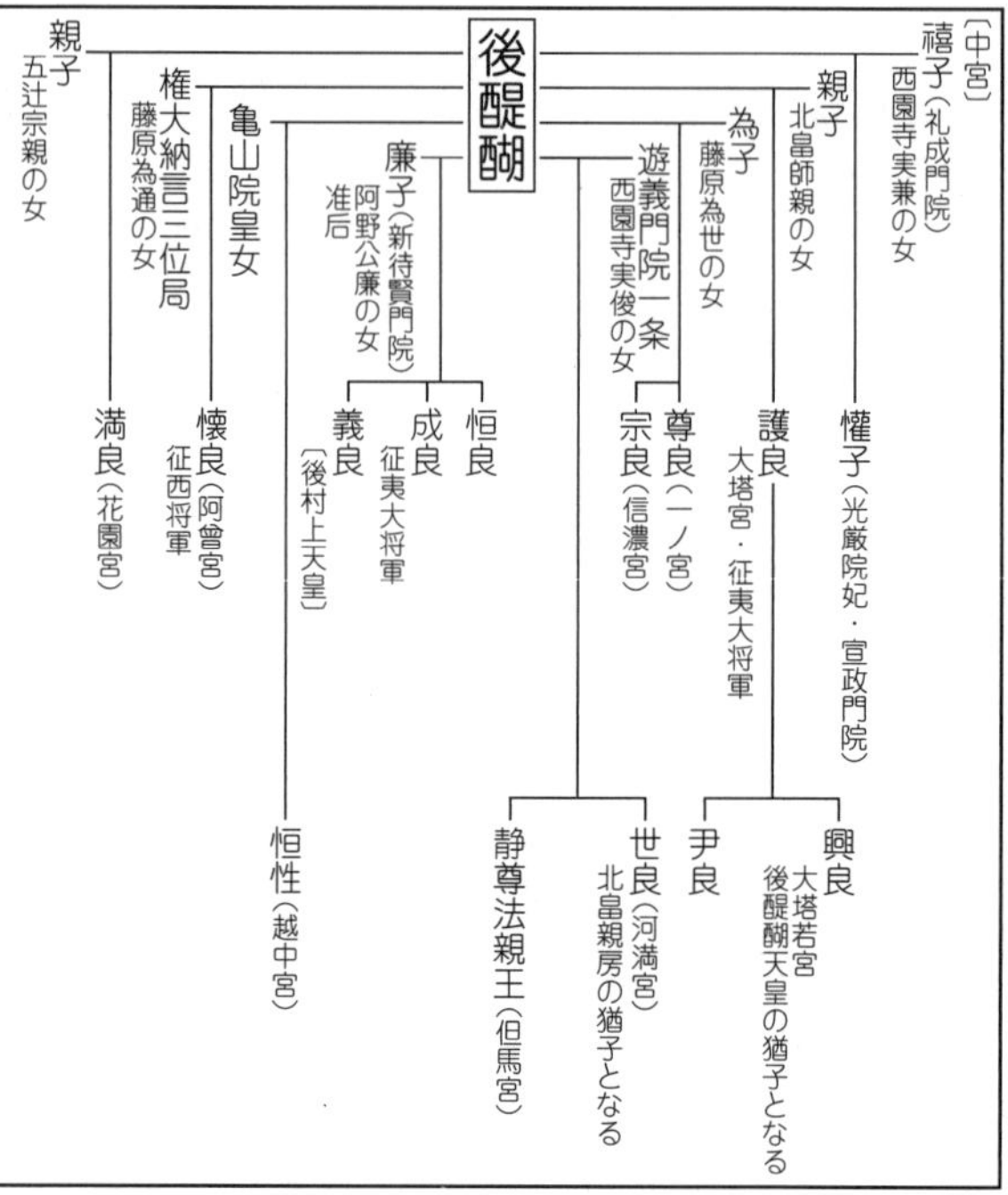

後醍醐天皇の主な皇子と母系

宮《きゅう》に入った。

　後醍醐天皇に対して非常な忠義を尽くし、天皇が隠岐に流されたときも、のちに建武の中興が敗れて吉野に籠《こも》ったときにも、廉子だけは天皇に従って不自由や危険を顧《かえり》みなかったから、帝の寵遇《ちょうぐう》は格別で、かつ天皇親政時の宮廷での勢力は絶大であった。この廉子の言うことなら天皇は何でも聞くのだから、彼女に取り入る者が得をするのは当然である。また、天皇自身もそのときの気分次第で恩賞決定に口を出すのだから、論功行賞《ろんこうこうしょう》の公平さなど望むべくもない。

初めは中納言《ちゅうなごん》藤原実世《さねよ》が恩賞の査定にあたったが、自分の功績を申告する功状《こうじょう》が数万にも及び、最初に兵を挙げたときに後醍醐天皇に味方した比叡山などの僧たちも恩賞を求めてくる。そのうえ、いかにも虚偽の申し立てが多かったのでなかなか進まない。それで万里小路藤房がこれを引き継ぎ、ほぼ妥当な線を打ち出すことができた。ところが天皇の特旨が頻繁に出され、お気に入りの舞姫にまで莫大な領地を与えるにいたっては、藤房も天皇を諌めざるを得なかった。だが、天皇が一切耳を貸さない。それで再び天下が乱れることを察し、藤房は出家して再び世に現れることはなかった。

後醍醐天皇が最も困窮した時期に行動をともにし、その苦労がやっと報われたと思ったら、この忠義な名門の公家は新政府に絶望して姿をくらましてしまったのである。

そもそも建武の中興の理念そのものが、源平の争乱以来、武家の手に渡っていた政権を朝廷が取り返し、平安時代のような王朝に戻すことであった。建武の中興は復古運動であるから、宮廷が公家と女官の文化華やかだった時代が理想である。

また、後醍醐天皇は天皇親政が実現したのは宋学的理念のおかげだと思っている。武家などは見下すべき存在であった。もっと言えば武家なき世こそ望ましい。だから武士たちは必ずしも報われなかったのである。

足利尊氏が「勲功第一」の理由

後醍醐天皇は頼朝の財政を参考にして、諸国の地頭から収入の二十分の一を朝廷に出させることにし、北条高時の領地をすべて天皇の御領に、高時の弟の泰家《やすいえ》の領地は護良親王の御領とした。このあたりまではいいとして、鎌倉の豪族・大仏貞直の領地を廉子に与えたあたりから話はおかしくなる。近臣の千種忠顕《ちぐさただあき》は素行に問題のある人物であったが、天皇が隠岐に流されたときについて行き、廉子との関係もよかったので備前《びぜん》・周《す》防《おう》・尾張《おわり》の三国を与えられた。

また、北条氏滅亡の祈禱《きとう》をしたために流罪《るざい》となった三人の僧も厚い恩賞を受けた。文《ぶん》観《かん》は出雲国《いずものくに》、忠円《ちゆうえん》は越前国《えちぜんのくに》、円観《えんかん》は長門国《ながとのくに》といった具合である。このほかにも、広大な領土を与えられた僧侶は数知れない。さすがに忠円と円観は「出家が領地を持つのはおかしい」と言って辞退したが、これは例外中の例外であった。

そのほか大小の公家、女官、舞姫などで恩賞に与った者も夥《おびただ》しい数にのぼった。極端な例では、後醍醐天皇のお気に入りだった舞姫は、鎌倉幕府最後の執権・北条（赤橋《あかはし》）守時《もりとき》の領地の半分、百三十四荘《しょう》をもらっている。この守時の妹は足利尊氏の妻なのだから、いかに無神経に恩賞をばら撒いていたかがわかる。

それに比べて、武士に対する恩賞は僅かであった。赤松円心などは真っ先に播磨で兵を挙げ、途中に関所を設けて山陰《さんいん》・山陽《さんよう》の交通を押さえて幕府の情報網を断ち切り、最初に京に入ったという大手柄を立てたにもかかわらず、恩賞と呼べるものはほとんどなく、僅かに播磨国佐用《さよう》の荘《しょう》を与えられただけであった。円心のあとをついてきただけの千種忠顕が備前・周防・尾張の三国をもらって大威張りなのに比べると、恩賞はなきに等しいようなものである。

建武の中興の立役者《たてやくしゃ》というべき楠木正成でさえ、河内・摂津・和泉《いずみ》・紀伊《きい》の四国をもらい受け、将軍の位を許されるという勅約《ちょくやく》があったにもかかわらず、もともとの領地である河内と摂津を与えられただけで、もちろん将軍にもされなかった。

例外は足利尊氏と新田義貞である。北条方から寝返ったこの二人がなぜ優遇されたかと言えば、それは源氏という「出自《しゅつじ》のよさ」の故《ゆえ》である。後醍醐天皇は、本心では武家を廃したいのだが、さりとて武家の力を借りなければ天皇親政はかなわなかったことは認めざるを得ない。そこで考えたのが、「家柄」を重んずる宮廷風のやり方であった。

系図から見れば、足利家は八幡太郎《はちまんたろう》源義家《よしいえ》の子・義国《よしくに》の二男・義康《よしやす》の子孫であり、また新田家はその義国の長男・義重《よししげ》の子孫である。長男を優位とすればむしろ新田家のほうが上だが、新田家は代々、上野国新田郡《こうずけのくににったごおり》に住んでいた。つまり有力な名家とはいえ、田舎の豪族にすぎない。一方、足利家は代々、北条家から嫁をとり、先祖の妻には源頼朝の義妹もいる。さらに尊氏の祖母は六波羅探題・北条時茂《ときしげ》の娘で、母は藤原氏出身の家柄、また妻は前述したように鎌倉幕府最後の執権・赤橋守時の妹である。したがって、新田家よりも足利家のほうが「家格が上」ということになった。

それで足利尊氏が武家では「勲功第一」とされたのである。

だが公平に見れば、足利尊氏の功績はそれほどのものでないことは明らかである。新田義貞の鎌倉覆滅《ふくめつ》、楠木正成の頑張りと赤松円心の奮戦、さらに大塔宮護良親王の不屈の戦いと令旨がなければ、建武の中興は起こらなかった。尊氏の功績はこの四人と比べれば見劣りがするだけでなく、ぐずぐずしていたら尊氏は討伐されていた。尊氏軍はすでに根を失った軍勢だったのである。

武士たちは何といっても恩賞がほしくて命がけで戦ったのだから、それが僧侶や女官や踊り子以下ということになれば憤慨するのは当たり前である。楠木正成ですら、後醍醐天皇は皇太子に譲位すべきであろうと考えた。赤松円心は「すぐに天皇親政をやめ、武家政治に戻すべし」と主張した。この円心の意見が、武家たちの圧倒的多数を占めていたのは言うまでもないだろう。その武士たちの首領となりうる者は誰かと言えば、源氏の正統たる家柄から言っても、人間的な度量から言っても、足利尊氏が最適任者だったのである。

非業の最期を遂げた護良《もりなが》親王

尊氏は征夷大将軍として実権を握り、源頼朝の如くならんという野心を持っていたが、それを阻《はば》んでいるのは護良親王であった。親王は赤松円心と気が合い、足利尊氏を嫌っていた。吉野・熊野の山中で戦い抜いた護良親王や、鎌倉を攻め落とした新田義貞から見れば、尊氏は北条から寝返っただけの人間であり、彼のそのような野心には我慢できなかったのであろう。

そこで尊氏は、同じように護良親王の勢力を恐れ、自分の子を皇太子にしたがっている廉子と結んで、「護良親王に謀反の恐れあり」と後醍醐天皇に讒言《ざんげん》する。後醍醐天皇は愚かにもそれを聞いて大いに怒り、建武元年（一三三四）十月二十二日、親王を捕え、その家来三十余人を死罪にした。親王は冤罪《えんざい》を訴える上奏文を出したが取り上げられず、鎌倉に送られて、尊氏の弟・足利直義《ただよし》の監視のもとに置かれた。

そして翌年、前述の北条時行が挙兵し、鎌倉をめざして武蔵国《むさしのくに》に入ると直義は鎌倉を脱出するが、その際、仏典を読んでいた親王を独断で殺してしまう。護良親王が土窟《どくつ》（土の洞窟）で殺される話は、戦前の絵本などによく描かれていたものである（土窟というのは、実際は土蔵造りの家であろう）。

こうして、勲功抜群であった親王は悲劇的な最期を遂げる。誰もが護良親王こそ次の皇太子と考えていたが、代わりに廉子の子である当時十三歳の恒良親王が、廉子の望みどおり皇太子に立てられた。

さて、尊氏は北条時行征伐のため鎌倉へ兵を出すが、「征夷大将軍」の位と東国の管領権を要求したが許されなかったので勝手に出陣し、時行を討ち果たした。

尊氏が自ら征夷大将軍を名乗ると、在京の武士の半数以上がこれに従ったという。武家政治の復活を願う武士が、いまや天下に満ちていることを示すものであった。

本来なら、勝手に出陣したのだから懲罰《ちょうばつ》すべきところであるにもかかわらず、朝廷は阿《おもね》るかの如く尊氏に従二位《じゅにい》を授け、蔵人頭《くろうどのかみ》源具光《ともみつ》を遣わして労を労《ねぎら》い、京に兵を戻すよう促《うなが》した。

それに対して尊氏は、弟・直義の意見を容《い》れて自ら征夷大将軍・東国管領となり、鎌倉で勝手に論功行賞を始めた。一族の斯波家長《しばいえなが》を奥州管領（のちの奥州探題）に任命し、部下たちに土地を与えたのみならず、寺社にも寄附をした。

もっともこの場合は、この機会に新田義貞の基盤を奪うつもりで、東国にあった新田の領地をことごとく部下たちに与えたのである。ひとのものだから、いくらでも気前よくくれてやることができる。このため、武士の間における足利尊氏の人気は一段と高くなった。この時点で尊氏は、はっきりと朝廷に反旗を翻《ひるがえ》したことになる。

「錦の御旗」の軍事的価値

これを聞いた新田義貞も負けてはいない。畿内《きない》にある足利方の土地を取り上げてしまった。かくして義貞と尊氏の対立は決定的なものになり、天皇側の武家の総帥《そうすい》は当然、新田義貞ということになったから、ここに源氏の嫡流《ちゃくりゅう》の二派が争う形になった。同族が争うのは源氏の伝統だ（77ページの図参照）。

義貞は尊氏討伐のため鎌倉に向かい、初めのうちは勝ち戦《いくさ》であったが、箱根・竹ノ下の戦いで義貞が直義と戦っているときに、尊氏は後ろから回って挟み撃ちにするという戦術を用いて新田軍を破った。尊氏は、のちの湊川《みなとがわ》の戦いでも後ろへ回って敵を囲い込む包囲戦を行っており、公平に見て尊氏のほうが戦争はうまいと言えるだろう。

尊氏は逆に京に攻め上り、しばし一進一退であったが、陸奥守鎮守府将軍・北畠顕家が、奥州に奉じていた義良親王とともに奥州軍を引き連れて援軍に駆けつけ、また楠木正成、名和長年も大いに戦ったため、尊氏・直義は多くの有能な武将を失って西へ逃げた。義貞は一万人もの降伏した兵を連れて凱旋《がいせん》し、左近衛中将《さこんのえちゅうじょう》に任ぜられた。

尊氏は敗れると、逃げるのも速い。予《あらかじ》め手を打っていたらしく、摂津国で周防守《すおうのかみ》・大《おお》内弘幸《うちひろゆき》が五百隻の船を用意していた。ここから尊氏は九州に落ちる。

これは赤松円心の提案だったと言われている。円心はあれだけ手柄を立てたのにほとんど報われなかったという恨みがあったのであろう。朝廷に見切りをつけ、尊氏について播磨の守護になっていた。そして、尊氏が新田義貞軍に敗れて播磨へ来たとき、円心はその後の天下にとって決定的な二つの案を尊氏に進言し、尊氏はそれを二つとも実行したのである。

一つは、ひとまず九州へ行って勢力を立て直してから再挙すべきであること。第二は、やはり官軍でなければ大義名分がたたない、戦争には「錦《にしき》の御旗《みはた》」が必要であるから、いま不遇を託《かこ》っている光厳上皇から院宣《いんぜん》をもらうべきこと、であった。尊氏のその後の大方針はこれで決まった。

いかにも、「日本では天皇を担いでいなければ結局は敗れる」ということに尊氏は気づいたのである。

普通ならば朝敵が官軍になることは難しいが、このときは簡単だった。皇室が大覚寺統と持明院統に分かれているのだから、その一方を持ってくればよい。そこで光厳上皇に使いを送り、自分が官軍であることを示す院宣を賜《たまわ》るようにと願い出た。

持明院統は建武の中興以来、政治的にはまったく片隅に置かれ、欲求不満が嵩《こう》じていたところだったので大いに喜び、さっそく院宣を与えることにした。九州で代々勤皇の家系である菊池武敏《きくちたけとし》の軍を破って態勢を立て直した尊氏は、再び大軍を率いて京に攻め上る途中で院宣を受け取った。届けたのは三宝院賢俊《さんぽういんけんしゅん》。この真言宗《しんごんしゅう》の僧は、のちの足利幕府八代将軍・義政《よしまさ》の妻、日野富子《ひのとみこ》の先祖である。

これで尊氏側も「官軍」となったわけであり、京都側にとっては酷く具合の悪いことになった。この意味において、尊氏は「錦の御旗」の軍事的価値を認めた最初の武将であると言っていいであろう。このこと自体、宋学の正統論が社会に広がっていたことを示すものである。世の中を動かすのは「社会意識」という一見捉えどころのないものであって、この社会意識を正しく認識し、またそれを利用できる者が政治的に有利な立場に立つことはいまも昔も変わらない。

拒否された楠木正成の作戦

新田義貞が尊氏を九州に追いやったとき、これは大勝利であったから、義貞はすぐに西国に出兵して追撃すべきであったろう。四国・西国の朝敵たちは意気阻喪して、慌てふためいて逃亡したり、あるいは義貞に取り入ろうしたりしていたから、進軍すれば一人として降参しない者はなかったはずである。にもかかわらず、義貞は京都へ引き上げてしまった。

それは褒賞《ほうしょう》として天皇から賜った、当時、天下一の美女と謳《うた》われた勾当内侍《こうとうのないし》と離れるのが耐え難かったからだと言われる。つまり、絶世の美女をもらって義貞は急に優柔不断になったようなのだ。

タイミングを逃した義貞はようやく出兵したものの、その途中、播磨で赤松円心が籠もる白旗城《しらはたじょう》に引っかかってしまった。城を包囲した義貞に円心が使いを出し、「綸旨《りんじ》（天皇の命令書）を下されて播磨の守護に戻していただければ、再び朝廷方に味方します」と言うのでこれを京都に奏上したが、使いが戻ってくるまでに半月近くかかってしまった。その間に円心は守りを固め、綸旨が届くと円心は「てのひらを返すようにすぐ変わる綸旨は受け取れません」と言い出したので、義貞は怒って城を攻めたが、そんなことで騙されなければすぐ落ちたものを、相手に十分な防禦《ぼうぎょ》の準備期間を与えたため、ついに白旗城を落とすことができなかった。そんなことをしているうちに時間はすべて失われてしまったのである。

いよいよ尊氏が九州、四国、山陽道の大軍を率いて水陸から攻め上ってきた。後醍醐天皇は楠木正成に援軍に向かうよう命じたが、正成は「尊氏軍と正面から戦ってもかなわないから、天皇はひとまず比叡山に逃れて時機を待ってはどうか」と進言した。

尊氏軍を京都に入れ、正成は河内から出撃して敵の食糧輸送を断って兵糧攻《ひょうろうぜ》めにし、ゲリラ戦を行おうという作戦である。大軍であればあるほどすぐに食糧が不足するから、そこを討とうというのである。

しかし、これが文民統制の悪いところであるが、公家たちが「天皇が京を去るのはよくない」などと口を出し、正成の大局的・現実的な軍略は「臆病である」として朝廷に受け入れられなかった。そして正成は摂津国湊川に出陣を余儀なくされ、しかも義貞軍が判断を誤って東走してしまったため、孤立した正成軍は勇ましい玉砕《ぎょくさい》を遂げた。新田勢も生田森《いくたのもり》を背に決死の戦いをするが敗れ、義貞は京に逃れる。

結局、後醍醐天皇は比叡山に逃げ込んだ。そこで政府軍は善戦して尊氏軍をしばしば苦戦に陥《おとしい》れるが、名和長年は討ち死にしてしまう。また恒良親王は、一説によれば後醍醐天皇から皇位を譲られ、異母兄の尊良《たかなが》親王とともに新田義貞・義顕《よしあき》父子に奉じられて、北陸統治を名目に越前国金ヶ崎城《かながさきじょう》に逃れた。これで主立った武将はほとんどいなくなったことになる。

尊氏は後醍醐天皇に和睦《わぼく》を申し入れ、これに応じた後醍醐天皇は光厳上皇の弟・光明《こうみょう》天皇に三種の神器を譲り、太政天皇《だじょうてんのう》という名目のみの位をもらって花山院《かざんいん》に幽閉《ゆうへい》された。建武三年（一三三六）十一月二日のことである。ここでまた皇位の譲渡があったことは明らかで、後醍醐天皇という方は明らかに皇位を譲ったことが二度あるという珍しい天皇であった。

しかし、後醍醐天皇は花山院を脱出して吉野に逃げ、尊氏側に渡した神器は贋物であるとして、吉野（現奈良県）に吉野朝（南朝）を開く。

桜井の別れ

日本の歴史ということでは、どうしても楠木正成に触れないわけにはいかない。楠木正成は明治維新の動きのなかで再評価され、戦中はしきりに持て囃《はや》された。戦後はその反動から語られることが少なくなったが、それでも楠木正成の行動パターンはいまなお多くの日本人の考え方を規定し、日本型思考の一つの典型になっていると言っていいであろう。その意味で、楠木正成の名前は日本の文化から外せないのである。

楠木正成は建武の中興の立役者であり、彼なかりせば後醍醐天皇の復権もなかった。にもかかわらず、一番高く評価され、第一等の褒賞を受けたのは足利尊氏だった。それでも正成の忠誠心は揺るがない。後醍醐天皇に叛旗《はんき》を翻した足利尊氏を迎え撃つために彼が立てた作戦は、あとから見れば必勝計画だったと思われるが、それも文民統制のために受け入れてもらえない。すると、「いまはこれまで」と勝ち目のない戦に出陣して討ち死にするのである。

湊川の戦場へ赴く途中の桜井の駅《さくらいのえき》（宿場）で正成は、嫡子《ちゃくし》・正行《まさつら》を故郷の河内に帰すことにする。「最後まで父上と行動をともにしたい」と懇願《こんがん》する正行に、正成は「私が死ねば尊氏の天下になるだろうから、おまえは郷里に帰って忠義の心を失わずに生き延びて帝に尽くし、いつの日か必ず朝敵を倒せ」と諭《さと》し、帝より賜った菊水の紋の入った短刀を形見に授けて今生《こんじょう》の別れを告げる。

この有名な「桜井の別れ」は戦前の日本人なら知らぬ者はなく、いろいろなところにその場面を描いた絵がかけられていたものである。また、「青葉繁《しげ》れる桜井の」という唱歌があって、これも誰知らぬ者のない歌であったが、いまでは忘れられつつあるようだからその歌詞を記しておこう。

青葉繁れる桜井の　里のわたりの夕まぐれ
木《こ》の下陰《したかげ》に駒とめて　世の行く末をつくづくと
忍ぶ鎧《よろい》の袖《そで》の上《え》に　散るは涙かはた露《つゆ》か

正成《まさしげ》涙を打ち払い　我《わが》子《こ》正行《まさつら》呼び寄せて

父は兵庫へ赴《おもむ》かん　彼方《かなた》の浦《うら》にて討死《うちじに》せん
汝《いまし》はここまで来《きつ》れども　とくとく帰れ故郷《ふるさと》へ

父上いかにのたまうも　見捨てまつりてわれ一人
いかで帰らん帰られん　この正行は年こそは
未《いま》だ若けれ諸共《もろとも》に　御供仕《おんともつか》えん死出《しで》の旅

汝《いまし》をここより帰さんは　わが私《わたくし》の為ならず
己《おの》れ討死為《な》さんには　世は尊氏《たかうじ》の儘《まま》ならん
早く生い立ち大君に　仕えまつれよ国の為

この一刀《ひとふり》は往《いに》し年　君の賜いし物なるぞ
この世の別れの形見にと　いまにしこれを贈りてん
行けよ正行故郷へ　老いたる母の待ちまさん

共に見送り見返りて　別れを惜しむ折からに
復《また》も降り来る五月雨《さみだれ》の　空に聞こゆる時鳥《ほととぎす》
誰か哀《あわれ》と聞かざらん　あわれ血に泣くその声を

（作詞　落合直文）

「父は兵庫へ赴かん　彼方の浦にて討死せん」と歌詞にあるように、小勢《こぜい》の軍隊だから負けるのがはっきりわかっていて出てゆく。

予想どおり、圧倒的な敵軍に敗れて正成は自害するのだが、そのとき、弟の正季《まさすえ》に「何か言い残すことはないか」と聞くと、正季は「七たび同じ人間に生まれ変わって朝敵を打ち倒したい」と答えたという。正成はそれを聞き、「我が意を得たり」という気持ちで「私もそのつもりである」と言って刺し違えて死んだと伝えられている。この正季の言葉が、「七生報国《しちしょうほうこく》」と言われるものである。

この話は『太平記』によって読み継がれてきた。元禄《げんろく》五年（一六九二）に水戸光圀が「ああ忠臣楠氏《なんし》の墓」という碑を湊川に建て、楠木正成の功を讃えたが、正成が脚光を浴びるのは何といっても幕末、十九世紀末のことである。正成の尊王思想が明治維新の大きな原動力になった。そして正成の行動パターンは、この前の戦争のときに蘇《よみがえ》るのである。アメリカと戦って勝ち目のないことを最もよく知り、日米開戦に一番反対したのは山《やま》本五十六《もといそろく》だったという。しかしひとたび開戦が決定してしまえば、「いまはこれまで」と真珠湾攻撃を計画し、連合艦隊は一番初めに戦場で戦い、山本長官は南太平洋で戦死する。日本人はここに楠木正成のパターンを見て、心を動かされるのである。

「楠木正成型」と「赤松円心型」

南朝の立場から書かれた『太平記』が、正成の行動を「智仁勇《ちじんゆう》の三徳を兼《かね》て、死を善道に守るは、古《いにし》へより今に至る迄、正成程《ほど》の者は未無《いまだなか》りつるに」と激賞しているのは当然としても、北朝側から書かれている『梅松論《ばいしょうろん》』（注１）にも、「誠《まことに》賢才武略の勇士とは、かやうの者をや申《もうす》べきとて、敵も御方《みかた》もおしまぬ人ぞなかりけり」と言っているのは、正成の行動パターンには尊氏側をも感激せしめるものがあった何よりの証拠である。

事実、尊氏は正成の首に所領五十町をつけて丁寧に供養し、「家族はさぞや会いたかろう」と首を遺族に返還している。足利軍も正成の遺体を粗末に扱うことはできなかったのである。

楠木正成の特徴を整理してまとめてみると、次のようになる。

一、自分の考えが正統（オーソドックス）であると考えた。天皇第一主義であって、天皇（当時は後醍醐天皇）がリーダーとして適格であるかどうかは問題にしない。恩賞など問わずに忠義を尽くす。

二、武将としては有能であるが、最高の政治的決定は左右できない。これも尊氏とは違う。

三、意見は述べるが、それが通らなければ「いまはこれまで」と諦めて玉砕する。この精神はこの間の戦争でよく見られた。

四、「七生報国」という理念、つまり「あとに続くものを信じる」という考え方を残した。これは日本の歴史における地下水のように、ときどき噴き出てくる。

このように見ると、つい最近までの日本には正成型の人間が多かったように思う。会社に忠義を尽くすが、社長がその忠義に値しない人物であってもそれは問わない。自分の部署では有能だが、社の方針を左右することはできない。反対意見は出しても、会社の決定とあれば「いまはこれまで」と全力を尽くす。七生報国とは言わないまでも、「誰かがわかってくれるだろう」という期待を持っている。そして多くの日本人は、このような態度を「美しい」と感じるのである。

「いまはこれまで」と〝潔《いさぎよ》く〟諦めず、反抗したり、ふてくされたり、会社を辞めたりするのは「赤松円心型」と言えるかもしれないが、こういうタイプは日本人にはあまり好まれない。とくに旧日本軍は正成型の「諦めの尊さ」を意識的に、極端に強調して教えていたようである。

このように言うと、楠木正成を賛美するのは戦前の日本の教育のせいだと言い出す人が必ずいるが、それは必ずしも正しいとは言えない。というのは明治三年（一八七〇）に、維新直後の日本を観察したグリフィスというアメリカ人が、いろいろな日本人に「尊敬する歴史上の人物」を尋ねたところ、誰もが楠木正成の名をあげたという記録がある。

明治三年といえば義務教育制度施行以前の話であって、国家権力が自分たちに都合のいい楠木正成像を押しつけていたということはあり得ない。すでに維新以前に楠木正成的な生き方の理想化が社会に浸透しており、まさにそのために維新の志士が生まれたと言えるのである。

（注1）『**梅松論**』　貞和《じょうわ》五年（南朝では正平《しょうへい》四年。一三四九）に成立したといわれる歴史書。作者未詳。北条氏の執権時代から南北朝の動乱を経て足利尊氏が政権を握るまでを、足利氏（北朝）の立場から記している。

福沢諭吉の「楠木正成権助《ごんすけ》論」

楠木正成に対する批判もなかったわけではない。たとえば江戸中期の儒学者・室鳩巣《むろきゅうそう》は著書『駿台雑話《すんだいざつわ》』のなかで、正成は孔孟《こうもう》の道を学ばず、孫子・呉子《ごし》の道を学んだから、『三国志』の諸葛孔明《しょかつこうめい》に比べて人物が落ちるとし、とくに湊川で自害するときに弟・正季とともに「七生報国」といったのは「甚《はなは》だ陋《つたな》し」と非難している。また、山城国《やましろのくに》正法寺《しょうぼうじ》の僧・釋大我《しゃくたいが》も『楠石論《なんせきろん》』で正成の死を激しく非難しており、正成は湊川で討ち死にしたふりをして戦場を逃れ、余生を送ったという記述まであるが、これは根拠がないようである。このように江戸時代の儒家や僧侶には、楠木正成に批判的な者も少なくなかったのである。

明治の啓蒙《けいもう》時代になると、史学界では『太平記』の史料的価値が疑われるようになっため、一般の日本人には非常に尊敬されていたものの、楠木正成の評価もそれにつれて低くなった。

東京帝国大学に初めて国史科ができた頃、重野安繹《しげのやすつぐ》、久米邦武《くめくにたけ》、星野恒《ほしのひさし》の三人の博士が教授になったが、三人とも楠木正成をまったく評価しなかった。重野博士によれば、「正成は忠臣の道を守らず、自分の意見が朝廷に採択されないので腹を立て、やけを起こして国家を棄《す》て天子を残し、わがままにも討ち死にせんとして湊川に行った」ということになる。

久米博士は「大将というのは一人になっても生き抜くのが本当だ。敗死を覚悟で戦に行くのは真の武将ではない」と言うし、星野博士は「初めから死ぬつもりでいたことはよくない」と判断する。また、ヨーロッパで史学研究をして帰国した坪井九馬三《つぼいくめぞう》という学者は、「湊川の戦いは現代の暦《こよみ》になおすと七月十二日である。そのような暑い季節に午前十時から午後四時まで六時間にもわたって、十六回も戦闘を行ったため、楠木軍は疲労の極に達して自殺行為のような戦いをしたのだろう」と推測した。

さすがに新しい史学の創始者たちの発言だけあって、いずれも論旨は明快である。とくに、ドイツの史学を学んだ坪井博士の考え方は誰にも納得できるものであろう。明治の史学は文献を重んじ、啓蒙的な色彩が強いものであったから、このような解釈になるのは当然であった。

さらに、明治の代表的な啓蒙家である福沢諭吉《ふくざわゆきち》には有名な「楠木正成権助論《ごんすけ》」がある。これにはずいぶん反感と批判もあり、一般には根づかなかったようだが、『学問のすゝめ』のなかで、福沢は大要、次のようなことを言っている。

「自分の主人のためだとか、自分の主人に申し訳ないと言って、ただ命を棄てればよいと思うのは未開の世の中によくあることだが、いま文明の大義からこれを論ずれば、これは命の捨て場所を知らざる者というべきである。権助が主人の使いに行き、一両の金を落として途方にくれ、旦那に申し訳がないといって思案を定めて、並木の枝にふんどしをかけて首吊りする例はよくあることである。この権助が、自殺するときの気持ちを察すれば、それは君主に任務を与えられながら果たすことができないことを誠にすまないと思って自殺する武将の気持ちと同じである。ところが世の中の人は権助を軽蔑するのに、武士の場合は石碑を建てたり神社を建てたりする。しかし権助も義士も文明の役に立たない点では同じであり、ともに命の捨て場所を知らないのである」

このように、明治の開化時代には、楠木正成の死は否定的に観られる傾向があり、とくに学者の間では「七生報国」思想などは問題にもならなかったように思われる。しかし、一般大衆となると話は別である。明治四十年頃の読売新聞で、全国の小学生に理想の人物、最も尊敬している人物を答えさせたところ、楠木正成の名をあげた生徒が一番多かったそうである。

根強く残る「七生報国《しちしょうほうこく》」

多くの維新の志士を育てた長州《ちょうしゅう》の吉田松陰《よしだしょういん》は、「七生説」を書いて「七生報国」の理念を称え、「則《すなわ》ち楠公《なんこう》の後に復《ま》た楠公を生ずる者、固《もと》より計《はか》り数ふべからざるなり。何ぞ独《ひと》り七たびならんや」と記している。七度どころか、「七生報国」を奉ずる者は何人も出て来るであろうというのである（この予言は結果的に当たっている）。

「七生報国」の思想とは簡単に言えば、まったく無駄な死のように思われる死に方でも、何十年後、何百年後にはその価値が認められるであろうということである。「いまはこれまで」という「諦め」は、同時に、永遠の記憶として何度も蘇ることを期待する。その効果は直接には何もなくてもよい、というのだから、外国人には無駄のようにも、狂気のようにも見えるのである。

日本の敗色が濃くなると神風特攻隊が登場したが、人間魚雷回天《かいてん》の特攻隊は「菊水隊」と名づけられた（菊水は楠木家の紋）。そして、特攻隊の日の丸の鉢巻には「七生報国」と書かれていた。

戦争が終わって「七生報国」という理念はなくなったかといえば、そんなことはなかった。昭和三十五年（一九六〇）、当時の日本社会党委員長・浅沼稲次郎《あさぬまいねじろう》を刺殺した山口《やまぐち》二矢《おとや》少年は、拘置されていた鑑別所の壁に「七生報国　天皇陛下万才」と記して自殺した。それから十年後の昭和四十五年（一九七〇）、作家・三島由紀夫《みしまゆきお》が市ヶ谷の陸上自衛隊総監室に立て籠もり、「七生報国」の鉢巻《はちまき》をし、「自衛隊の決起」を呼びかけて割腹自殺するという事件が起こった。

さらに昭和五十一年（一九七六）、ロッキード事件（注1）の黒幕として批判を浴びていた児玉誉士夫《こだまよしお》邸に、ポルノ俳優の前野光保《まえのみつやす》という男が軽飛行機で突っ込んだ。前野は「天皇陛下万歳」を唱え、「七生報国」の鉢巻をしめて自爆攻撃を仕掛けたのである。

神風特攻隊の「七生報国」は、軍事状況を変える力がなかった点では無駄であった。

三島の死も無駄に見えたし、児玉邸に〝特攻〟を敢行したポルノ俳優の死も意味があったようには思えない。

だが、これらは一種の〝無駄死に〟の系譜として、楠木正成の湊川の戦死から連鎖《れんさ》しているのである。その場、その場の状況では無駄でも、「いまはこれまで。誰かがわかってくれるだろう」と死ぬ系譜ができると、それは無視できない歴史の現実となる。そうすると、無駄死にが必ずしも無駄死にではない、という奇妙な現実が起こってくるのである。

こういうメンタリティがどこから出てくるのか、それが国民にとって幸福なメンタリティかどうかは別にして、それが根強く存在することはたしかなのである。今後も同じようなことが、いつどういう形で起こるかわからない。

（注1）**ロッキード事件**　米国ロッキード社が大型旅客機売り込みのため、日本の政界に多額の賄賂《わいろ》を渡したとされる疑獄事件。事件当時の首相・田中角栄《たなかかくえい》をはじめ政府高官や航空会社・商社関係者らが逮捕された。政財界の裏で力を握っていた児玉誉士夫は、ロッキード社の代理人として暗躍していた。

第5章
混迷する南北朝

「天皇など木像で十分だ」

外国では国家の統合こそ最も大きな問題である。スターリンや毛沢東《もうたくとう》は強引に国家を統合せざるを得なかったし、アメリカ歴代大統領のなかでリンカーンが最も尊敬されているのは黒人奴隷を解放したからではなく、南北戦争によって国家の統一を保持したからであるとされている。ところが、天皇家が存在する日本では、国の統合というものがあたかも自然現象の如く当然のように感じられているが、それは例外的なものであり、外国から見れば羨《うらや》ましいことであるに違いない。

終戦時に、日本人同士の内乱や内戦を心配した人はほとんどいなかったと思う。それは、われわれが日本の統一ということについて何の疑問も抱いていないからである。

日本でも、上古《じょうこ》においては統一の問題があった。神話の形で残っているところでは、天孫系《てんそんけい》と出雲系《いずもけい》の統合がそれである。そこには建御雷神《たけみかづちのかみ》と建御名方神《たけみなかたのかみ》の話にも暗示されるように、武力衝突すらあったようだ。しかし歴史の記憶が始まってからは、皇位をめぐる争いはあっても国の統合にかかわる事件はほとんどなかった。

この意味であえて言えば、南北朝が唯一、統合にかかわる争いだったと言える。だからその内乱は単に武家同士の争いではないが、とはいえ、武家が担《かつ》いだ天皇はどちらに転んでも兄弟の血であるから、血統主義という皇位の本質から見れば、外国における統一問題のように深刻なものではなかったと言えるであろう。

ただ、統合の象徴であった天皇家が二つできれば、価値が相対的に低下するのはやむを得ない。足利尊氏《あしかがたかうじ》は、「錦《にしき》の御旗《みはた》」さえもらえればどちらの皇室についてもいいと考えていたと思う。それでも尊氏や弟の直義《ただよし》は「錦の御旗」の価値を知っていたから、さすがに天皇に対する敬意を失うことはなかったが、下の武士になるとその意味がわからず、皇室は大して役に立たない、俗な言葉で言えば「穀《ごく》つぶし」のように思えてきたらしいのである。

たとえば高師直《こうのもろなお》は、尊氏の部下のなかでは最も強大な勢力を持っていた武将で、足利氏の一族の武将が三十二人なのに対し、高家は四十三人だったといわれるほどだ。その兵士も勇猛で、戦功は抜群であった。楠木正成《くすのきまさしげ》の息子・正行《まさつら》を四条畷《しじょうなわて》で戦死させ、吉野の金峯山《きんぷせん》に攻め込んで南朝の皇居を焼いたのも高師直の軍勢であった。彼は部下にいつもこう言っていたそうである。

「領地が足りないと思うなら、天皇の領地を奪えばよい。生きている天皇は金ばかりかかって人民の邪魔になるだけのものである。どうしても天皇が必要というのなら木像で十分だ」と。

まるで極左《きょくさ》から出るような言葉である。また土岐頼遠《ときよりとお》という武士は、道路で光厳《こうごん》上皇（北朝初代天皇）の行列に出会っても馬から下りようとしなかった。そこで上皇の先駆の者が「この田舎者め、光厳院がお通りになるのがわからないのか」と叱りつけると、頼遠は「院だろうが犬だろうが、そんなこと知るものか。犬ならば射てみよう」と言って、光厳院が乗っている輿《こし》を取り囲ませ、輿に矢を射込ませたのである。

これを聞いて足利直義はさすがに驚き、頼遠を死刑にした。それで武士たちは大いに恐れ、「上皇に出会ってさえ馬から下りなければならないのであれば、両御所《りょうごしょ》に出会ったときは地面に這《は》いつくばらなければいけないのだろうか」と囁《ささや》き合ったという。

両御所とは尊氏と直義のことである。武士にとっては、上皇より足利兄弟のほうがずっと上位にあるように感じていたのである。そして、その直義にも劣らない権勢を誇っていたのが高師直なのであった。

ところが、その高師直は、これほど強大な勢力を持った人間にしては驚くほど呆気《あっけ》なく、南北朝の戦いの過程で直義の部下、上杉能憲《うえすぎよしのり》によって滅ぼされてしまうのである。

さらに直義は尊氏に敗れ、『太平記《たいへいき》』によれば尊氏に毒殺されている。結局、残ったのは足利尊氏だけということになる。

尊氏は南朝との争いの主人公でありながら、感心なことに南朝方の天皇にも終始、敬意と愛情を示していたようだ。南朝の後醍醐《ごだいご》天皇が亡くなってから百日目に、その冥福《めいふく》を祈る供養《くよう》を南禅寺《なんぜんじ》で行っている。そのときの祈願文のなかには次のような文句が見える。

「温柔《おんじゅう》の叡旨《えいじ》、猶耳底《なほじてい》に留《とどま》る、攀慕《はんじ》の愁腸《しうちょう》、心端《しんたん》に尽《つく》し難《がた》し、恩恵窮無《おんけいきわまりな》し、報謝何ぞ疎《そ》ならんや」

文句は誰かにつくらせたものだとしても、極めて鄭重《ていちょう》なものであり、温かい感謝と親愛の念が表れている。尊氏がともかくも天寿《てんじゅ》を全《まっと》うして足利幕府の祖となったのは、こうしたこととおそらく無縁ではないであろう。統合の象徴である天皇に無関心であるようでは、天下の統一は不可能である。南北朝時代のように皇位が軽くなった時代においても高師直の如く、天皇に対して軽蔑の言葉を吐いたり、見下すような行動をとったりした人間は奇妙なことに、みな簡単に滅んでいる。

尊氏が最後まで生き残った理由の一つは、敵対している天皇の供養をし、真情溢れる祈願文を捧げるというセンスがあったからではないだろうか。

尊氏兄弟それぞれが南朝に降伏した不思議

湊川《みなとがわ》で楠木正成が戦死したあと、恒良《つねなが》親王、尊良《たかなが》親王とともに北陸に赴《おもむ》いた新田義貞《にったよしさだ》も生田森《いくたのもり》の奮戦から二年二カ月後、越前藤島《えちぜんふじしま》で額に矢を受けて戦死した。そのあとの話は、一般の日本史の本にはあまり記されていない。しかも義貞の死から十年後、楠木正行が四条畷で高師直の大軍と戦って華々《はなばな》しく散ったあとは、尊氏が初代将軍となって足利幕府が確立し、何十年か経ってなんとなく南北朝が合体したと単純に考えがちである。

実際、南朝側の状況を整理してみると、以下のようになる。


延元《えんげん》元年（一三三六）　楠木正成戦死、名和長年《なわながとし》戦死。

延元二年（一三三七）　越前金ヶ崎城《かながさきじょう》落城。尊良親王、新田義顕《よしあき》（義貞の子）自害。

延元三年（一三三八）　北畠顕家《きたばたけあきいえ》戦死、新田義貞戦死。

延元四年（一三三九）　後醍醐天皇、吉野に没す。
正平《しょうへい》三年（一三四八）　楠木正行戦死。吉野の宮廷焼かれる。

このように年代を追っていくと、たしかに当時の言葉で言えば「南風競《きそ》わず」、つまり、南朝側は一方的に潰れていったような印象を受ける。たしかに尊氏が九州から攻め上ってからというもの、一時、北畠顕家の奥州《おうしゅう》軍が有利だっただけで、十二年間にわたって南朝側は負けっぱなしであるし、この間にその中心である後醍醐天皇は没し、南軍の名将もほとんど戦死している。いわば勝負あったように見える。学習参考書もこのへんで終わっているのが常である。

ところが、これからまったく奇妙なことが起こる。南朝と北朝が再び合併するまでに、いろいろな紆余曲折《うよきょくせつ》があるのだ。

まず正行が倒れて、南朝もいよいよ終わりかと思われてから二年も経たない正平五年（一三五〇）、尊氏の弟で副将軍格の足利直義が南朝に降伏してしまうという椿事《ちんじ》が起こった。これは尊氏の側近・高師直と直義が幕府内部で対立したためで、直義は南朝と合体することで力を増大させ、高師直を討ったのである。高師直一族はこうして完全に滅んだ。南朝は期せずして敵の一方を潰したことになるが、そのおよそ半月後に、直義は南朝と手を切り、尊氏と和解する。

ところが、尊氏側と直義側のそれぞれの武将の間がしっくりいかず、やがて尊氏と直義は再び対立することになる。すると尊氏は、再び直義と南朝が手を結ぶことを恐れ、先手を打って自分のほうから南朝に降伏を申し出たのである。

何のことはない、北朝を建てた足利兄弟が、軍事的・政治的理由から競って南朝に降参しようとしているのだから、まことにおかしな事態である。

つまり南朝は、足利兄弟のどちらが争いを優勢に進めるかのキャスティングボートを握る存在になっていたと言っていいだろう。また、足利尊氏・直義には朝廷を担《かつ》がなければいけないことはわかっていたが、それが北朝であろうと南朝であろうと、どちらでもかまわなかったのである。

そして北朝の存在は否定され、北朝第三代の崇光《すこう》天皇と皇太子・直仁《なおひと》親王は廃止された。この二人に、光厳《こうごん》院（北朝第一代）と光明《こうみょう》院（北朝第二代）を加えた四人は、天下泰平のためという理由で京から八幡《やわた》（現京都府）に移されてしまった。

もちろん、尊氏が降伏したのは直義を討つという自分勝手な都合のためであり、事が終われば再び敵対関係に戻ることは南朝もわかっていたし、また実際にそうなった。しかし、ともかく南朝が一時的にせよ京都を再び支配したことはたしかである。このあたりの政治的戦略は、『神皇正統記《じんのうしょうとうき》』の著者である北畠親房《きたばたけちかふさ》が中心となって行われたと言われる。史論を書いた知識人が、最高の政治家でもあったという注目すべき例であろう。

京都は結局、再び足利方、つまり北朝の手に戻るが、南朝軍が一時的に京を占領したことはその後、三回もあった。南朝軍による最後の京都占領は、尊氏の死（正平十三年＝一三五八）から三年目のことである。だから尊氏は結局、事態にケリをつけないままに死んだことになる。

新世代・楠木正儀の行動原理

一方、南朝方もずいぶん混乱している。楠木正成の子であり、正行の弟である楠木正儀《まさのり》は、父と兄が戦死してからは楠木一族のリーダーであり、兵力不足の南朝側にあっては主力軍を形成していた。南朝軍が京都に四回も攻め込むことができたのも、正儀がいればこそであった。

ところが、後醍醐天皇が没し、その跡を継いだ後村上《ごむらかみ》天皇も亡くなられると、その正儀が翌年、足利側についてしまったのだから、いよいよ複雑怪奇である。
戦《いくさ》が長期にわたる間に、正儀は戦争の空しさを感じ、その本質がわかってきたのではないだろうか。正儀は父譲りの武勇の人であったが、同時に政治的な配慮のある人でもあった。正成・正行はただひと筋に宋学《そうがく》的正統論者であったが、その点、正儀は啓蒙《けいもう》されていたと思う。

三十年以上も戦いを続けていると、啓蒙時代の西洋の戦争のようにゲーム化していくところがある。たとえば南朝軍が第四回目の京都進駐を行ったとき、足利二代将軍・義《よし》詮《あきら》の最高幹部であった佐々木道誉《ささきどうよ》は、自分の邸を美しく飾り、ご馳走を用意して正儀に引き渡している。正儀のほうも、南朝軍が持ち堪《こた》えられずに京都を撤退する際には邸をきれいにし、土産として鎧や刀を置いて引き上げたという。「七生報国」を誓って自害した父・正成と叔父《おじ》の正季や、

「かへらじと　かねて思へばあずさ弓　なき数にいる　名をぞとどむる」

という辞世《じせい》を残して玉砕《ぎょくさい》した兄・正行の世代とは発想が違ってきていたのである。
にもかかわらず、後村上天皇のあとを継いで南朝の皇位に就いた長慶《ちょうけい》天皇は宋学イデオロギーに固まり、その取り巻きの間でも「南朝の正統性を主張して断固戦おう」とい

う昔と変わらぬ強硬論が支配的であった。啓蒙時代の人が三十年戦争（注１）のような宗教戦争を見れば、まったく無駄な流血と思うであろう。それとまったく同じように、宋学イデオロギーに縛られなかった正儀には、南北両朝の戦いが無駄なものに思えたに違いない。

正儀は南朝軍の主力でありながら、和平に最も熱心であった。北畠親房が生きている間は、作戦的にもスケールが大きく、尊氏を降参させたりもしている親房の器量と人望から、誰もが強硬論に納得していた。ところが、親房亡きあとの強硬論は単なる形だけの強硬論でしかなかった。

一方、足利方は、僅か十歳で三代将軍となった義満《よしみつ》の後見役、細川頼之《ほそかわよりゆき》が立派な人物であって、頼之の力によって、天下は尊氏や義詮のときよりずっと安定してきた。正儀はこの頼之と和平交渉を続けていたのである。しかし、この和平交渉が強硬派の反発を受けて浮き上がった存在となった正儀は、正平二十四年（一三六九）、やむなく足利側に身を投じた。足利方はもちろん正儀の投降を歓迎し、本領を安堵《あんど》して中務大輔《なかつかさたいふ》の官職を与えている。

正儀は足利軍を先導して南朝の行宮《あんぐう》のある天野山金剛寺《あまのさんこんごうじ》を襲撃し、長慶天皇は吉野山に逃れ、南朝の強硬派の多くはこの戦で敗死した。

ところが、ここでまた奇妙なことが起こる。それから数年後に、正儀は再び南朝に戻って参議《さんぎ》という高い位を与えられるのである。それには、南朝では強硬派の長慶天皇に代わって穏健派《おんけんは》の後亀山《ごかめやま》天皇が即位したこと、逆に足利方では細川頼之が失脚して四国讃岐《さぬき》に帰ってしまったという事情もあるのであろう。正儀にとってみれば、足利方の話し相手がいなくなったわけだし、南朝はもともとの古巣なのであるから、強硬派がいなくなってしまえば、別に戻ってもかまわないわけであった。

この正儀の行動の原理は、今日でいう状況倫理《シチュエイション・エシックス》に近いものである。行動が正しいか否かは、そのときの状況を考えて判断すべきだという考え方で、ドグマによって行動すべきではないということである。

ドグマ的な宋学倫理で始まった楠木一族は、現実的な状況倫理で終わったと言えるであろう。それとともに、南朝も終わることとなった。北朝は元来、武家方が状況倫理の便宜上つくったものである。足利尊氏など、どこから見ても固定した倫理を持っていたようには思えない。それに対して南朝は、楠木正成から北畠親房に至るまで「正統論」という固定倫理で支えられており、それが力の根源になっていた。

だから、南朝の柱と言うべき楠木氏が状況倫理に動かされるや、南朝はたちまち立ちゆかなくなったのである。そして、楠木氏自体も歴史から消えてしまう。これはあくまで固定倫理に固執した北畠氏が、戦国大名として残ったのと奇妙な対比を示している。そしてこの状況倫理支配の下で、後亀山天皇（南朝）と後小松《ごこまつ》天皇（北朝）の南北両朝は「統合」されることになった。

（注1）**三十年戦争**　一六一八年から四八年にかけて、ドイツを中心に欧州各国が参戦して行われた宗教戦争。ドイツ新旧両教徒諸侯の内戦としてボヘミアで勃発《ぼっぱつ》。旧教側にスペイン、新教側にデンマーク、スウェーデン、フランスが加担して国際戦争に発展した。ウェストファリア条約によって終結。啓蒙主義の時代となる。

北畠親房《きたばたけちかふさ》が「南朝」をつくった

一言しておきたいのは、北畠親房という人物がいなければ南朝はなかった、つまり南北朝時代自体がなかったのではないかということである。

そもそも、「南朝」という言葉を使い出したのは北畠親房だと思われる。彼は、神道、仏教、シナ・インド・日本の歴史すべてに通じた、当時比較する者もないくらいの大学者であった。

親房は「南朝」というアイディアを、宋の司馬温公《しばおんこう》（司馬光《こう》）の『資治通鑑《しじつがん》』から得たのではないかと思われる。

『資治通鑑』のなかにはシナの南北朝時代（四三九～五八九）の記述があるが、親房の時代のシナでは、宋を圧迫していた元《げん》をたとえば「北朝」とすると、宋は「南朝」ということになる。そこで親房は、「日本の南朝」というアイディアを使って吉野に政権を立てたのである。こういう基本アイディアが政治には必要なのだ。

必然的に、京都のほうは「北朝」となる。ただ、当時は北朝とは言わずに「当朝《とうちょう》」と言ったらしいが、要するに「南北朝」という考え方は北畠親房から出たと考えていい。

ちなみに、いまでも不思議なのは、たしか敗戦の翌々年、昭和二十二年（一九四七）だったと思うが、私の習った漢文の国定教科書が『資治通鑑』だったことである。なぜ、当時の旧制中学で『資治通鑑』を読ませるのか不思議だった。まだ東京裁判が行われている最中で、天皇もどうなるかわからないときである。これは「南朝の精神を持て」ということを間接的に教えたかったのであろうか。さらに、かつて「南北朝時代」と言っていたのに、われわれの中学校時代は「吉野朝時代」ということになった。いまはまた「南北朝時代」と呼ぶようである。

その吉野朝の親房は、当時最高の学者であると同時に敏腕《びんわん》政治家でもあった。吉野に南朝を建てると、大和《やまと》・紀伊《きい》・伊勢《いせ》の三国を南朝の範囲とした。この三国は元来、北条幕府との戦いの折に大塔宮護良親王《だいとうのみやもりなが》が拠点としたところでもあるから勤皇の下地があり、また伊勢はもともと親房自身の本拠でもあった。

このあたりは、まず地勢がいい。山また山で、大軍が攻め込めない。また伊勢には大湊《おおみなと》という港があり、さらに紀州も海上の往来に便利である。この三カ国を押さえていれば、日本中に連絡がとれる。あとあと南朝軍が各地で蜂起《ほうき》するのは、情報や指令がスムーズに伝わったからでもある。五十六年間にわたって南朝が存続できた理由として、地の利という面も見逃せない。

そして、後醍醐天皇が北朝に渡した三種《さんしゅ》の神器《じんぎ》は贋物《にせもの》で、本物は南朝にあると主張した。だから、息子の北畠顕家《あきいえ》や新田義貞《にったよしさだ》も戦死して劣勢のように見えても、親房は意気《いき》軒昂《けんこう》であった。

延元《えんげん》三年（一三三八）、親房は南朝の勢力拡大のために義良《のりなが》親王（のちの後村上天皇）と宗良親王《むねなが》を奉じて大湊から奥州へ向かうが、暴風にあって一行は離れ離れになってしまった。義良親王は吉野に戻り、宗良親王は遠江《とおとうみ》（現静岡県）に漂着して、以後、越中《えっちゅう》・信濃《しなの》で戦いを続ける。親房自身は常陸国《ひたちのくに》（現茨城県）に上陸し、小田《おだ》氏の本拠である小田城に入って、勝ち目の少ない戦を続けた。

やがて後醍醐天皇が亡くなったため吉野に戻った親房は、若い後村上天皇を擁《よう》し、南朝の中心人物として足利方と戦うことになる。ちなみに後村上天皇の中宮《ちゅうぐう》、北畠顕子《あきこ》は親房の娘である。

親房は、足利尊氏や直義が南朝に降伏するとその折衝《せっしょう》にあたったが、尊氏が降参してきたときにそれを利用し、尊氏の留守を狙って京都を占領しようとした。頼山陽《らいさんよう》はそのやり方を評価せず、信義を忘れ名分を捨てて卑怯《ひきょう》なことをした、と『日本政記《にほんせいき》』のなかで非難している。たしかにそのとき、南朝が信義を守っていれば結果はまた違っていたかもしれない。

その親房も正平九年（一三五四）に没し、南朝には指導的人物がいなくなる。そうして、楠木正儀のような啓蒙的和平派が登場するのである。

『神皇正統記《じんのうしょうとうき》』の影響力

親房は常陸の小田城で籠城《ろうじょう》していたときに、大した参考書もないまま苦労して『神皇正統記』と『職原鈔《しょくげんしょう》』を書き上げた。

『神皇正統記』は南朝の正統性を主張した歴史書ではあるが、歴史を通じて天皇への戒《いまし》めを書いたものでもある。『職原鈔』は、官位叙任《かんいじょにん》がどのように行われたかという律令《りつりょう》制下の官職の解説書・有職故実《ゆうそくこじつ》書であって、臣下を登用するときの注意なども書かれている。

この『神皇正統記』は南朝のバイブルになるとともに、いつの間にか日本のバイブルになる。その王政復古《おうせいふっこ》の思想は、反幕府思想としても歴史上にときどき復活する。武将たちによる戦国の世が続いたあと、結局、豊臣秀吉が宮廷風になるのは、背景に『神皇正統記』があるからだ。いわんや、明治維新はこの本がなければ起こらなかったかもしれない。

『神皇正統記』のなかには、鎌倉幕府をつくった頼朝《よりとも》や、承久《じょうきゅう》の乱で後鳥羽《ごとば》上皇を島流しにした北条泰時《ほうじょうやすとき》のような人物を評価した次のような一節がある。

「凡《およそ》保元《ほうげん》・平治《へいじ》よりこのかたのみだりがはしさに、頼朝と云《いふ》人もなく、泰時と云《いふ》者なからましかば、日本国の人民いかがなりなまし」

「頼朝や泰時がいなかったら天下の人民はどういう生活をしていたであろう、この人たちがいたために助かった」と言っているのである。『神皇正統記』は歴史書であるのみならず教訓の書でもあって、人民の安泰を図るのが真のリーダーであるというようなことがわかりやすく書かれている。だから、ただ「皇室万歳」のような単純なことを言っているわけではない。

書き出しに、「大日本は神国《しんこく》なり」という有名な一節がある。これが、のちに仏教への影響もあって、京都相国寺《しょうこくじ》の僧・瑞渓周鳳《ずいけいしょうほう》の書いた日本初の外交史書『善隣国宝記《ぜんりんこくほうき》』のなかにも引用されている。豊臣秀吉は、外国に手紙を出すときに「大日本は神国なり」と書いている。これは秀吉の外交文書を担当した西笑承兌《さいしょうじょうたい》などの僧たちが、『神皇正統記』の影響を受けているからである。短い本ではあるが、おそらく日本で最も影響力のあった書物を五冊あげるとすれば、『神皇正統記』は必ずそのうちの一冊に入るであろう。

残るは楠木正勝のみ

足利三代将軍・義満と執事《しつじ》・細川頼之の関係は一時期、悪化したこともあったが、結局、楠木正儀も信頼していたこの有能な執事のおかげで、義満の時代に足利幕府は安定した。

頼之は足利義満を助けて、幕府と対立する豪族を一つひとつ平定していき、南朝の旗色はますます悪くなっていた。征西将軍《せいせいしょうぐん》として九州に下り、肥後《ひご》の菊池《きくち》一族とともに一時勢力のあった懐良《かねなが》親王も弘和《こうわ》三年（一三八三）に没し、翌年には征東将軍《せいとうしょうぐん》の宗良親王も亡くなった。いまや、南朝で頑張っているのは楠木正儀の子・正勝《まさかつ》のみであった。

義満は正勝に使いを出してこう言った。

「南朝にはもはや見込みがない。いま攻撃を控えているのは、正成以来の楠木一族への敬意からである。早々に降伏してはどうか」

正勝がこの義満の勧告を蹴ったため再び攻撃が始まり、ついに千早城《ちはやじょう》が陥落して、正勝らは十津川《とつがわ》の奥に逃れた。このことは南朝に大きな打撃を与えた。

正勝にとって祖父にあたる正成が千早城を築いたのは元弘《げんこう》二年（一三三二）のことであった。それ以後、元中《げんちゅう》九年（一三九二）までの六十年間、どんなに南朝方が苦戦したときでも、この千早城が敵の手に渡ったことはなかった。この城こそ、鎌倉幕府の大軍を相手に長期にわたって守り抜き、建武《けんむ》の中興《ちゅうこう》の出発点となった、いわば南朝の武力のシンボルであった。それが陥落してしまっては、さすがの南朝側も義満の提案に従うしかなくなった。

二つの王朝があっては義満としては何かと都合が悪いから統合したわけだが、その南北朝統一の条件は、南朝の持っている三種の神器を北朝に与えること、皇位には北条氏の時代のように持明院統《じみょういんとう》（北朝）・大覚寺統《だいかくじとう》（南朝）の両統から交互に就くこと、領地もほぼ北条時代に戻すこと、などであった。つまり、できるだけ平等に統合するというような話であった。

南朝としては条件を呑むより仕方がなかった。後醍醐天皇の時代の「振り出し」に戻ることはそれほど損でもない、と思えたのだろう。だが、北朝は不満であった。何もいまさら合体しなくても、もはや京都は安泰である。現状維持で結構というところであったが、常に足利幕府に守られている存在だから「ハイ」と答えるしかなかった。

ところが、南朝側が行列を仕立てて京都へ帰ってくると、その様子を見た義満は「これは降参する者のやり方ではない」と怒った。南朝側も「われわれは降参するのではない」と憤慨したが、騙されたと気づいたときはもはや手遅れである。

さらに、三種の神器を渡すのは「国譲り」の儀式によるという約束だったのに、その昔、源氏に敗れた平家が幼い安徳《あんとく》天皇とともに西海に持ち出した神器がまた京都に戻ってきたときの先例によることになった。つまり、あるべきものがあるべきところに戻ってきた、という儀式である。したがって、義満によって南朝の意味は完全に否定されたことになる。

とにかく、こうして北条貞時《さだとき》が持明院統と大覚寺統が交互に即位するという方式にしてから百四十年目、後醍醐天皇が吉野に逃れて南朝を立ててから五十七年目で、ようやく朝廷は一つに戻った。

消えた後亀山天皇の系図

しかし南北朝の統一は、南朝側からすると不満だらけであった。南朝の後亀山天皇は、神器を北朝の後小松天皇に譲ってからは身分がなくなったのである。一年半後に太上天《だじょうてん》皇《のう》の尊号が贈られることになったが、そもそもこれは天皇の父としての尊号ではあれ、この場合は皇室の一皇子として敬意を表すための、先例のないいわば「お情け」で与えられたものであった。

さらに講和条件にあった領地はもらえず、南朝の皇室は生活に困窮する有り様であった。

それで応永《おうえい》十七年（一四一〇）、つまり義満の死んだ翌年に、後亀山院は京都から吉野に抜け出した。吉野にはまだ南朝の残党がいたからである。そしてこの間、小規模ながら各地で南朝側の挙兵があった。後醍醐天皇が吉野朝（南朝）を立てたときと同じパターンである。

こうした動きは不平分子が集まって大きくなる恐れがあるので、幕府は直ちに後亀山院をなだめにかかった。旧領をことごとく与えるという条件を出して、再び京都に呼び戻した。

だが、両統が並び立つことはいかに困ったことであるかが骨身に沁《し》みてわかっている足利幕府には、約束を守る気はなかった。後小松天皇のあとはその皇太子が継ぎ、称光《しょうこう》天皇が即位した。幕府は決して皇位を南朝系に戻さなかったのである。もちろん、北朝としても戻す気はない。少なくとも結果的には、幕府は南朝側をペテンにかけて統一したのである。後亀山天皇がそれに気づいたときは、すでに遅かった。かくして南朝系は完全に絶えた。

後亀山天皇の子孫について言えば、孫が僧侶となって隠岐島《おきのしま》に流されたことがわかっているだけで、そのあとのことはまったくわからない。それから五百五十年近く経った戦後になって、後亀山天皇の子孫だと称する〝熊沢《くまざわ》天皇〟なる人物が出現したが、途中の系図は一切不明である。この〝熊沢天皇〟にしても、アメリカ進駐軍が面白がって騒いだのではないかと言われている。

第6章

足利義満の野望

義満の宗教センス

とにもかくにも南北両朝を合一《ごういつ》させた足利義満《あしかがよしみつ》だが、その後の彼の方針を見ると、さすがに日本史の特質を深く洞察《どうさつ》していたと思わざるをえない。南朝と北朝の皇室を仲直りさせても、長年、南朝を指示してきた勢力を手なずけるという大仕事が残っている。それは武力で片づく性質のものではないことを義満は知っていた。

単に武力ということなら、義満は武家の棟梁《とうりょう》として十分な成功を収めていた。たとえば十一カ国を支配下に収め、日本六十余州の六分の一を支配していることで「六《ろく》分一殿《ぶいちどの》」と呼ばれていた山名《やまな》一族を明徳《めいとく》二年(南朝では元中《げんちゅう》八年=一三九一)に討伐し、その数年後にはさらに強大な大内義弘《おおうちよしひろ》を滅ぼしている。

それに比べれば、南朝の残党の如きは取るに足りないものである。しかし、南朝の勢力は山名や大内とは別の原理を持っていた。つまり、宗教が絡《から》んでいるのである。

そこで義満が何をやったか。ここが単なる武将と違うところであった。南北両朝が一つになった翌年の明徳四年(一三九三)、伊勢神宮《いせじんぐう》の参拝を行ったのである。

伊勢は代々、北畠《きたばたけ》氏の根拠地であり、北畠氏こそは頑《かたく》なに南朝を支持し、南朝に理論的正当性を与えてきたのである。武力では圧倒的に優勢だったはずの尊氏《たかうじ》や義詮《よしあきら》の時代に何度も京都が南朝の手に落ちたのは、北畠親房《ちかふさ》の計略と正統論の自信によるところが大きい。北畠氏と伊勢を心服せしめない限り、またどんな勢力がそれに結びつくか知れたものではない。そのためには武力だけでは不十分である、と義満は悟ったのである。そして、「伊勢神宮に参拝すればよい」という妙案を思いついたのだ。

義満は威儀《いぎ》を正し、公家《くげ》や武士たちを引き連れて盛大に参拝を行った。それだけでなく、神宮やその関係者に莫大《ばくだい》な寄附をした。伊勢神宮に詣《もう》でたうえ、巨額な寄附をした人物に北畠氏が反対する理由はない。すっかり足利支持になってしまった。そして北畠親能《ちかよし》（伊勢国司《こくし》北畠家の当主・顕泰《あきやす》の長男）に、義満は自分の名の一字を与えて満泰《みつやす》と名乗らせたのである。これで伊勢は治まった。

この成功によって、義満は明らかに自信を得た。伊勢と並ぶ南朝支持勢力であった大和《やまと》や比叡山《ひえいざん》に対しても同じアプローチをした。伊勢の伊勢神宮にあたるのは、大和では春日神社《かすかじんじゃ》、東大寺《とうだいじ》、興福寺《こうふくじ》である。応永《おうえい》元年（一三九四）、義満はこれらを巡拝《じゅんぱい》して歩き、また同じ年の秋には同じように公家や武将をことごとく引き連れて比叡山の日吉大社《ひよしたいしゃ》と延暦寺《えんりゃくじ》に参拝し、それぞれに莫大な寄附をした。

大和の名刹《めいさつ》も比叡山も、後醍醐《ごだいご》天皇が最初に北条氏に対して挙兵したとき真っ先に味方につき、とくに比叡山はその後も南朝側について足利幕府に敵対した、文字どおり目の上のたんこぶのような存在であった。それらに対して義満は武力を用いず、参拝という儀礼と寄附という実利、つまり「虚」と「実」によって心服させてしまったのである。

紀州《きしゅう》の高野山《こうやさん》、粉河寺《こかわでら》も同様であった。

さらに注目すべきは、義満が奈良の東大寺においても、比叡山の延暦寺においても戒《かい》律《りつ》を受けていることである。宗派の違う二つの寺から受戒《じゅかい》するのはおかしなものであるが、義満が欲しかったのは世の安定であった。

かくして、南朝の精神的・物質的基盤であった伊勢も南都《なんと》北嶺《ほくれい》も、すべて義満と友好関係に入った。足利幕府はこれで当分、安泰になったのである。

日本という国は、単に武力だけでは統一できないところがある。天皇という神話時代からの国家元首は単なる政治勢力ではなく、宗教的な要素を持っているのだ。政治の中心に宗教的・オカルト的なものがあることを、義満は理解していたようだ。かくして、尊氏も義詮もできなかった南朝勢力を取り込むことに義満は成功したのである。

公家との違いが曖昧な義満型幕府

義満は康暦《こうりゃく》元年（一三七九）、京の北小路室町《きたこうじむろまち》に新しい御殿を造った。その屋敷に鴨川《かもがわ》の水を引き込んで大きな池をつくり、庭園には四季にわたって花が絶えることのないように多数の花木を植えた。それに因《ちな》んで、この御殿は「花《はな》の御所《ごしょ》」と呼ばれ、義満以降の足利幕府は、この御殿のあった地名から「室町幕府」と呼ばれるようになった。

もちろん、足利幕府も室町幕府も同じものであるが、理念から言えば尊氏・義詮の時代と義満以降の時代の幕府は別物と考えてもいい。言い換えれば、幕府には二種類あるのである。一つは京都とは別に、武士が武士の立場から政治を行うという理念から生じた幕府である。頼朝《よりとも》が幕府を鎌倉に開いたのもそのためであり、北条の執権《しっけん》たちもその理念を受け継いでいる。

尊氏は幕府を京都に置いたが、それは南朝との争いがあったため京都に留まらざるを得なかったからである。尊氏も義詮も、情勢が許せば武家の本流として鎌倉に本拠を置きたいと思っていた。のちに天下を統一した徳川家康《とくがわいえやす》は、武力征服が完全であったから幕府は江戸に置き、京都は所司代《しょしだい》で済ませていた。この頼朝・家康型の幕府においては、武士と公家の違いは明確である。

これに対して、義満の幕府においては公家と幕府の差は曖昧《あいまい》になってきた。というのは、義満自身が征夷大将軍《せいいたいしょうぐん》という武家の位に甘んじることなく、宮廷での出世を望んだからである。この点で、関白《かんぱく》になった豊臣秀吉《とよとみひでよし》と一脈通じるものがある。豊臣家がもし長く続いていれば義満型の幕府になったのではないかと思われる。

自分は鎌倉に引っ込んで田舎で質実剛健《しつじつごうけん》な暮らしをし、武士の総大将として実権を握り、宮廷は敬して遠ざけるという頼朝、家康のような生き方に義満は満足しなかった。彼は武家の棟梁であると同時に、公家の支配者にもなろうと考えたのである。南北朝を統合したのは自分であり、皇位すらまとめてやったという自負があるから、公家の風下《かざしも》に立つ気はさらさらない。

しかし、プライドの高い公家が、成り上がり者の武士の言うことをそう簡単に聞くはずがない。では、義満はいかにして公家を屈服せしめたか。それは南朝の残党を神社仏閣詣でと莫大な寄附で味方につけたのとは対照的に、高圧的な態度で意図的に「命令」を下すというやり方であった。公家は身分も気位《きぐらい》も高いが、武力はない。義満はそこにつけこんだのである。それは頼朝や尊氏でさえしたことのない、いや思いつきさえしなかったことであった。

義満の〝実力行使〟

義満は伊勢神宮に参拝するときも、南都北嶺の仏閣に参詣《さんけい》するときも、公家に随行《ずいこう》を命じた。春日神社に出かけたとき、遅刻した公家がいたが、義満はその公家を叱り飛ばし、参拝の一行から外してしまった。春日神社は藤原氏、つまり公家たちの先祖の守護神と祖神《そしん》を祀《まつ》っているのであるから、その参拝の行列から追い出されたとあっては公家としての面目は丸潰れである。それより何より、義満の怒りが怖い。それで震え上がって遅刻を詫《わ》び、ほかの公家たちもとりなしたが、義満は決して許さなかった。

この春日神社参拝の帰路は雨であった。公家たちはずぶ濡れになり、泥まみれになってお供しなければならなかった。天皇なら公家たちをこんなに乱暴に扱いはしない。だが、義満は公家のプライドを徹底的に踏み躙《にじ》るためにこんなことをしたのである。公家たちにもそれはわかるから、公家が義満を恐れること、あたかも鼠《ねずみ》が猫を恐れるが如くであった。

精神分析学によれば、遅刻をする人は心の底に恨みや不満を持っているのだそうだ。

義満もそんな洞察をしたのであろうか、遅刻する公家に対してはことのほか厳しく、集まりから放逐《ほうちく》してしまうのである。放り出された公家は恥ずかしいやら不安やらで、身の置きどころがなくなる。そんなことが二、三度続くと、公家は義満の従順な召使いのようになる。

一方、まるで従者や下郎《げろう》のようにこき使われることに対して公家が怒りを覚えることを、義満は百も承知である。だから、手当をうんとはずむ。身分は高いが収入の少ない公家にとっては、これは有り難い。義満からこき使われながら内心では喜んでいるというのが、公家の屈折《くっせつ》した立場であった。

義満が自分の建てた相国寺《しょうこくじ》の供養《くよう》に出かけるときのお供に命じられたのは、なんと関白の一条経嗣《いちじょうつねつぐ》であった。関白といえば、大臣としては最高位である。さらに驚くことは、経嗣は関白になってからまだ義満に拝賀《はいが》の礼をとっていないというので、まず義満の御殿に伺候《しこう》して拝賀の儀を行ってからお供をしたという。まったく天皇に対するのと同じ手続きを踏んでいるわけである。

関白さえお供するというので、義満が相国寺に出かけるときには皇族たちからもお供をしたいという申し出があった。義満もさすがにこれは辞退しているが、これから察するに、「拝賀の儀」のために義満の御殿に出かけたのは関白の自発的な行動であろう。強大な権力を持つ者に対して自ら過剰な〝自己規制〟を行うあたり、室町時代の皇族・公家の体質には、日本のジャーナリズムと相通ずるものがありそうだ。

平清盛と足利義満

宮廷にも絶大な権力を持っていた武士といえば平清盛《たいらのきよもり》がすぐ思い浮かぶが、たしかに義満には清盛と似たところがあった。

康応《こうおう》元年（一三八九）に義満は、清盛がとくに信仰し、平家の守り神でもあった安芸《あき》の厳島《いつくしま》神社に参詣している。このとき、義満は百隻以上の大船団で瀬戸内海を航行した。その政治的意味は明らかである。瀬戸内海はかつて南朝系の海賊が活躍した場所であったから、そこを足利方の大船団が悠々《ゆうゆう》と航海することは大きな軍事的デモンストレーションになる。だが、関東出身の源氏の嫡流《ちゃくりゅう》である義満が厳島神社を敬《うやま》う理由はよくわからない。おそらく、清盛が信仰した神社であることが理由であったのかもしれない。

ただ、清盛は当然ながら、自分が皇位に就こうなどとは考えず、藤原氏のように孫を皇位に就けただけであった。しかし義満の場合は、自分の子を天皇にして自らは太上天《だじょうてん》皇《のう》になろうという野心があったらしいのである。

たとえば義満が建てた相国寺であるが、「相国」とは丞相《じょうしょう》、つまり宰相《さいしょう》のことで、唐制《とうせい》では太政大臣《だじょうだいじん》を意味している。彼は事実、丞相であるからそれはいいとして、相国寺で行った供養の儀式は、朝廷の御斎会《ごさいえ》（天皇が僧たちに斎食《とき》を与える法会《ほうえ》）に準ずるものであった。源頼朝が東大寺で供養を行ったときも御斎会に準じたという先例はあるが、このときは後鳥羽《ごとば》上皇が臨席し、頼朝はその儀式に陪席《ばいせき》したという形になっている。これに対して、義満の場合は自分が儀式の主役であるから、形としては天皇の行幸《ぎょうこう》と同じであった。

また、この相国寺の塔には金剛界《こんごうかい》（注1）の大日如来《だいにちにょらい》を安置し、その上に胎蔵界《たいぞうかい》（注2）の大日如来を安置しているが、これは理屈としてはおかしい。大日如来は元来が真言宗《しんごんしゅう》の仏像であるのに、相国寺は禅宗《ぜんしゅう》の寺だからである。禅宗の寺に大日如来を置くのは、プロテスタントの教会に聖マリア像を置くようなものだ。

武家の棟梁としての義満は禅宗であるが、自分の臨席する供養式を天皇の行幸の儀式に準じさせたくらいだから、当時の皇室の宗教である真言宗を加えなければならないと考えたのであろうか。宗派に対する義満の態度はこの点で異様であって、宗派を超えた者として自分を位置づけたように見える。自らを公家と武家の両方の最高統率者と考えていたとすれば、こうしたことにも説明がつく。

さらに義満は、北山《きたやま》に隠居所を建てた。隠居所といっても諸国の守護《しゅご》・地頭《じとう》を動員して造らせた大がかりなものであり、その建物の一部が金閣寺《きんかくじ》である。この北山の別荘のなかには紫宸殿《ししんでん》とか公卿間《くぎょうのま》、一名、天上間《てんじょうのま》というものがあったらしい。しかし、これは皇居にしかないはずの名前である。だから昔の歴史家は、これは天皇の行幸のための建物につけた名前であろうと解釈した。

だが、治承《じしょう》元年（一一七七）に京都の大火で大極殿《だいごくでん》（注3）が焼けてからは、天皇即位の大礼も宮廷の紫宸殿で行われることになっていたのである。つまり、それから二百年以上も、紫宸殿は宮廷で最も重要な儀式を行う場所になっていたのだから、隠居した将軍の別荘のなかの建物につける名前としては少々穏《おだ》やかではない。

（注1）**金剛界**　密教で説く、すべての煩悩《ぼんのう》を打ち破る強固な大日如来の智慧《ちえ》の面を表した部門。

（注2）**胎蔵界**　金剛界に対して、大日如来の理性の面をいう。理性が慈悲に包まれて育

まれることを母胎《ぼたい》に譬《たと》えている。

（注3）**大極殿**　天皇の居所と諸官庁の置かれた大内裏《だいだいり》の朝堂院《ちょうどういん》（正庁）の正殿。中央に高御座《たかみくら》を設けて天皇の御座《ぎょざ》とし、即位の礼をはじめとする重要な行事が行われた。平安京の大極殿は治承元年に焼失したまま、再建されなかった。

自分の妻を「国母」に

さらに、義満が行ったことで特筆すべきは、自分の妻を天皇の母、つまり「国母《こくぼ》」にしたことである。そして、そのいきさつも奇妙であった。

応永十三年（一四〇六）、後小松《ごこまつ》天皇の生母が重い病気にかかり、その命さえ危ぶまれた。そのとき義満は、「天皇の御生母にもしものことがあったら、後小松天皇の御一代のうちに二度の諒闇《りょうあん》を行うことになる。これは不吉である」と言い出したのである。

諒闇とは、シナにおいて天子が父母の喪《も》に服《ふく》することを意味している。普通は、父の天子が亡くなってから皇太子が即位するわけだから、天子が二度、諒闇を行うということは理屈としてはあり得ない。だが、後小松天皇の場合、その十三年前の明徳《めいとく》四年（一三九三）に後円融《ごえんゆう》上皇が崩御《ほうぎょ》しているから二度、諒闇を行うことになる。しかし、上皇という存在があった日本では、これはいくらでも先例のあることであった。

ところが、誰かが知恵をつけたのか、あるいは自分で思いついたのか、義満はシナの原則論を持ち出して、関白・一条経嗣に「どうするか」と問うたのである。義満を恐れ、また恩恵を受けてきた経嗣としては、義満の真意を忖度《そんたく》しなければならない。

そこで経嗣は、「南御所（義満の妻・日野康子《ひのやすこ》）を准母《じゅんぼ》（国母の代わり）にすればよろしいと思います」と答えたのである。義満は大いに喜んだ。経嗣は自分のへつらいを恥じ、かつ嘆いたが、早速、義満の妻は後小松天皇から「朕《ちん》之准母也」という詔書《しょうしょ》をもらってしまった。

藤原氏には自分の娘を天皇の后《きさき》にする者が多かったが、義満は自分の妻を天皇の母にしたのである。すると義満自身は「天皇の母の夫」ということになり、それはとりもなおさず太上天皇ということになる。

それでなくとも義満の威勢は天下を圧していたのに、今度は「天皇の母の夫」となったのだから、天皇自身もいままでよりいっそう丁重《ていちょう》に遇せざるを得なくなった。義満のほうでも、「天皇の父」であることを意識していたふしがある。

たとえば、後小松天皇が義満の北山の別荘に行幸したときも、天皇の玉座《ぎょくざ》と対等の座がつくられていた。また、義満の衣服には桐竹《きりたけ》の紋《もん》がついていたという。この紋は元来、天皇だけに限られていたものである。義満の肖像画が相国寺に残っているが、そこで着ているものにも鳳凰《ほうおう》と桐の模様が入っている。自ら准《じゅん》太上天皇としてふるまっていたことがわかる。

そもそも天皇と血縁関係がないのに、義満ほど天皇に馴《な》れ馴《な》れしく接した日本人はほかにいないだろう。

北朝第三代の崇光《すこう》天皇は、自分の皇子である栄仁《よしひと》親王に譲位したがっていたが、義満は後光厳《ごこうごん》天皇（北朝第四代）の子を支持して皇位に就けた。これが後円融《ごえんゆう》天皇である。そして後円融天皇の子が後小松天皇であり、この天皇は義満のおかげで南朝から三種《さんしゅ》の神器《じんぎ》を譲り受け、南北朝統一がなったわけであるから、義満にはまったく頭が上がらなかった。

義満が来るという知らせがあると、宮廷では模様換えなどをして御殿をきれいにして待ち受けていたというから、関係が逆転しているところがあった。後円融天皇は、自分と差し向かいで酒を飲み、寵愛《ちょうあい》している女官たちと密通までする義満を不快に思っていた。だが、次代の後小松天皇は、何しろ皇位に就いたときはまだ五、六歳の子供であったから、幼い頃から義満に慣れ親しんでいたため、その馴れ馴れしさや僭上《せんじょう》な振る舞いも当然のこととして受け取っていたようである。それはまるで伯父《おじ》と甥《おい》のような関係であったらしい。

義満急死は〝天佑神助《てんゆうしんじょ》〟

義満の皇位への接近は、驚くべきことにさらに露骨なものとなった。

応永元年（一三九四）に義満は急に将軍職を辞し、九歳の嫡子《ちゃくし》・義持《よしもち》を四代将軍としたが、義満には側室の子を入れて男子八人、女子五人の子供がいた。将軍にした義持と、偏愛した二男・義嗣《よしつぐ》を除き、男子はすべて皇族が主として入る寺の門跡《もんぜき》にしている。女子もそれぞれ皇女の住む尼御所《あまごしょ》に入れており、どこまでも自分を皇室の一員、つまり准太上天皇と見ていたらしいのである。

そしてついに一線を越え、息子の義嗣を天皇にしようとしたのであった。

将軍に就けた義持の生母は側室で侍女《じじょ》上がりの藤原慶子《ふじわらのよしこ》であるが、義持より八つ下の義嗣の生母は、義満の寵愛がとくに深かった春日局《かすがのつぼね》である。義満は容姿端麗《ようしたんれい》な義嗣を溺《でき》愛《あい》し、宮廷に参内《さんだい》するときには同じ車に乗せて連れて行った。北山の別荘に天皇の行幸があったときは、義嗣を関白・一条経嗣よりも上座に座らせ、子供ながらに天皇から盃《さかずき》を受けさせている。一方、将軍・義持は京都の警備番を命ぜられ、別荘のなかに入ることすら許されなかった。

その一カ月後、義嗣は宮廷に参内し、清涼殿《せいりょうでん》において天皇ご臨席のもとに元服《げんぷく》の式を行った。このときの衣服も天皇より賜《たまわ》り、式次第は親王と同じであったという。そして義嗣は天皇の御猶子《ごゆうし》、つまり名目上の子供になり、以後、「若宮《わかみや》」(幼少の皇子)と呼ばれるのである。

天皇の猶子であるから、当然、後小松天皇のあとに義嗣が即位してもおかしくなかった。何しろ義満は、自分の妻を准国母にしたほどである。わが愛する息子を皇位に就けるつもりであったことは十分考えられる。そして、それを止める力は皇室にも公家にも武士にもなかったのである。

ところが、ここで不思議なことが起こった。義嗣が親王と同様の儀式を行って元服した翌々日、義満が急に咳《せ》き込み、発病したのである。

義嗣の元服式が四月二十五日、義満の発病が同二十七日。五月三日にいったん持ち直したが、二、三日後に病状が急変し、五月六日に亡くなった。歳は五十一歳。それほどの高齢ではない。自分の息子を天皇の猶子に定めるという、日本人としては頂点まで登り詰めた栄華から僅か十日後に、義満は急死したのである。

これは偶然だろうか。毒殺説というのも聞いたことがないから、あくまで偶然だろう。いずれにしろ、義満が急死したため、政治的権力によって血が繋がらない子供を皇位に就けるという前代未聞《ぜんだいみもん》の企《くわだ》ては、あと一歩というところで実現せずに終わったのである。

武家の棟梁である義満が公家を徹底的にこき使い出したことこそ、その性格のうえで鎌倉幕府と足利幕府に一線を画する大事件であった。公家とは天皇に奉仕する存在であって、天皇以外の権力者に仕《つか》えるという事態になれば、その権力者はすでに単なる権力者ではなく、皇位を窺《うかが》う者なのである。平清盛が熱病で死んだのも天罰である、と言われたくらいである。

清盛よりもさらに大きな野心を抱き、自分の子供を皇位に就けようとした義満の急死にいたっては、「天佑神助《てんゆうしんじょ》」(天と神の助け)と言う人があってもおかしくない。

ローマ教皇でも日本の天皇でも、二千年も保たれている正統というのは、こうしたタイミングのよい偶然がいくつかあって初めて可能になるのであろう。そして日本では、正統を侵《おか》そうとしたり、極度の不敬を行ったりした者は蘇我《そが》氏以来、前述した高師直《こうのもろなお》に至るまで哀れな末路を辿る傾向にある。皇位に接近するのは、自分の娘を天皇の后妃《こうひ》にしてその孫を即位させること、つまり天皇の外祖父《がいそふ》になるのが限度らしい。

藤原氏は権力の頂点にあったときも、決して自分や自分の息子を皇位に就けようとはしなかった。天皇の外祖父で我慢したのである。この奇妙な「節度」は、藤原氏の子孫が今日まで残っていることと無関係ではないように思う。

武家の「節度」を回復させた義持

義満が皇室に対しての節度を明らかに越えたにもかかわらず、足利将軍がその後、何代も続いたのはどうしてであろうか。それは義満のあとを継いだ四代将軍・義持と、幕府の実力者、管領《かんれい》・斯波義将《しばよしまさ》のおかげだと言ってよい。

義満が急死したあと、すでに将軍になっていた義持と、父・義満から特別の寵愛を受け、天皇の養子となっていた義嗣の間に当然、紛争が予想されたが、斯波義将の支持によって義持は将軍の地位を保つことができた。

しかし、かつて父から優遇され続けてきた義嗣には、それが不満でたまらない。隙《すき》あらば天下を取りたい、と機会を窺っていた義嗣は、関東における内紛を利用して義持を討とうとして失敗し、捕えられて相国寺の林光院《りんこういん》に幽閉《ゆうへい》される。その後、この謀反《むほん》計画の全貌《ぜんぼう》を知った義持は怒って林光院に火をかけ、建物もろとも義嗣を焼き殺してしまった。親王の如く元服し、義満が急死しなければ天皇として即位したかもしれない義嗣は、かくして歴史の舞台から消えたのである。

そして義持は、確執のあった父・義満とはまったく逆のことを行い始めた。

父の皇室接近を嫌い、義満の死後に朝廷から「鹿苑院太上法皇《ろくおんいんだじょうほうおう》」の尊号が宣下《せんげ》されたが、「そんな破格な尊号をもらった臣下はいない」と言って返上している。

また、義満の妻、例の「准国母」日野康子の葬式もごく簡単に行っているし、北山の別荘も、金閣寺などを少し残しただけで取り壊し、庭石も崩してしまっている。

また、足利義満は富を得るために日明《にちみん》貿易（明が発行した割符《わりふ》＝勘合《かんごう》を用いたため勘合貿易とも呼ばれる）を行い、明の建文帝《けんぶんてい》から「日本国王」に冊封《さくほう》された。この呼称を批判する人も多いが、私は新井白石《あらいはくせき》（注1）の意見に同感で、天皇が義満の上にいるのだから、義満が「日本国王」であっても不都合ではない。それでビジネスができるならかまわないのではないかと思う。ただ、公家の間では明皇帝の臣下として朝貢《ちょうこう》貿易を行うことに批判や不満も多かった。そのため、義持は勘合貿易も取り止めた（六代将軍・義教《よしのり》の時代に復活する)。

斯波義将の補佐もあり、義持は再び武家としての「節度」を回復し、一度は失われた室町幕府の「武家政権」色を取り戻そうとした。かくして義持の時代に、政治的にはひとまず安定する。義持の子、第五代将軍・義量《よしかず》は早世したが、六代・義教の時代には幕府の権力は大名たちが震え上がるほど強大になった。

しかしこの義教も、所領に不安を抱いた赤松満祐《あかまつみつすけ》に招かれてその邸宅を訪れたときに殺された。いわゆる「嘉吉《かきつ》の乱」(嘉吉元年＝一四四一)である。あとを継いで将軍になった義勝《よしかつ》は僅か八歳であり、しかも十歳のときに亡くなった。そのあとは、やはり幼い弟の義政《よしまさ》が細川勝元《かつもと》らの有力大名に担《かつ》がれて八代将軍になった。そして、義政の後継者問題が「応仁《おうにん》の乱」のもとになるのである。

さらにこの「応仁の乱」が起こって戦国の世になると、足利将軍はあってなきが如くのものになる。だが、ともかくにも足利幕府は十五代続くことになるのである。

(注1)**新井白石**(一六五七〜一七二五)江戸中期の儒学者。六代将軍・徳川家宣《いえのぶ》、七代・家継《いえつぐ》に仕えて幕政を補佐し、のちに「正徳《しょうとく》の治《ち》」と呼ばれる朝鮮使節の待遇簡素化・金銀貨

の品位を上げる改鋳《かいちゅう》・長崎貿易の制限などの政治改革を行った。吉宗《よしむね》の八代将軍就任によって失脚。北畠親房《きたばたけちかふさ》の『神皇正統記《じんのうしょうとうき》』の影響を受けたといわれる史学書『読史余論《とくしよろん》』(後醍醐《ごだいご》天皇と南朝を正統とする)、各藩の歴史をまとめた『藩翰譜《はんかんふ》』のほか、西洋事情を記した『西洋《せいよう》紀聞《きぶん》』『采覧異言《さいらんいげん》』、回想録『折《おり》たく柴《しば》の記《き》』などの著書は、漢文を用いず、和語で書かれている。

本書は、弊社より二〇一〇年十二月に発刊された『渡部昇一「日本の歴史」第2巻 中世篇 **日本人のなかの武士と天皇**』を、改訂した新版です。

渡部　昇一（わたなべ・しょういち）

上智大学名誉教授。英語学者。文明批評家。1930年、山形県鶴岡市生まれ。上智大学大学院修士課程修了後、独ミュンスター大学、英オクスフォード大学に留学。Dr. phil., Dr. phil. h.c.（英語学）。第24回エッセイストクラブ賞、第1回正論大賞受賞。著書に『英文法史』などの専門書、『文科の時代』『知的生活の方法』『知的余生の方法』『アメリカが畏怖した日本』『取り戻せ、日本を。 安倍晋三・私論』『読む年表 日本の歴史』『青春の読書』などの話題作やベストセラーが多数ある。

渡部昇一「日本の歴史」第2巻　中世篇
日本人のなかの武士と天皇

2016年9月28日　初版発行

著　者　渡部　昇一

発行者　鈴木　隆一

発行所　ワック株式会社
東京都千代田区五番町4-5　五番町コスモビル　〒102-0076
電話　03-5226-7622
http://web-wac.co.jp/

印刷製本　図書印刷株式会社

ISBN978-4-89831-742-6

好評既刊

渡部昇一「日本の歴史」7 戦後篇
「戦後」混迷の時代から
渡部昇一
B-222

戦後、米軍占領期から今日まで七十年の日本の歩みとその核心部分を的確に捉え、歴史的意味をとにかく分かり易く解説。日本人のための本当の歴史誕生！

本体価格九二〇円

渡部昇一「日本の歴史」6 昭和篇
自衛の戦争だった
「昭和の大戦」
渡部昇一
B-227

日清・日露戦争以後の日本を取り巻く国際情勢の的確な分析と日米関係の諸事実を紐解きながら、「昭和の大戦」の本質に迫ったまさに日本人必読の書！

本体価格九二〇円

渡部昇一「日本の歴史」5 明治篇
世界に躍り出た日本
渡部昇一
B-233

世界史を変えた日露戦争。ロシアの脅威を打ち砕き、白人に屈しなかったアジア唯一の国。そこには、指導者たちの決断と明治政府の高度な外交戦略があった。

本体価格九二〇円

http://web-wac.co.jp/